LES JEUX OLYMPIQUES DANS L'ANTIQUITÉ

Élie Fallu
Lucien Guimond
Madeleine Gazaille
Lise Cloutier-Trochu

LES JEUX OLYMPIQUES DANS L'ANTIQUITÉ

Éditions Paulines & Apostolat des Éditions

Maquette de la couverture: Marc-André Coulombe

Le dessin de la couverture représente des coureurs de sprint.
Il est tiré d'une peinture d'amphore.
(*Metropolitan Museum of Art, New York*)

ISBN 0-88840-574-X

Dépôt légal — 2e trimestre 1976
Bibliothèque nationale du Québec
Bibliothèque nationale du Canada

3965 est, boul. Henri-Bourassa
Montréal, Qué., H1H 1L1

Apostolat des Éditions
48, rue du Four, Paris VIe

Introduction

Que d'hommes et de femmes, depuis l'existence de l'humanité, n'ont couru, n'ont joué à la balle, n'ont lancé des cailloux que pour le plaisir de les voir échapper momentanément à la gravité! Que d'humains des siècles passés ont récité ou chanté ou dansé devant le soleil, la lune et devant un foyer aux braises animées? Seules toutefois les populations de l'Hellade ont organisé la course, le récit, la danse comme un spectacle pour leurs propres jeux collectifs. Ils ont taillé les montagnes en hémicycles, construit des gradins, élevé des talus pour créer cette double relation entre le participant et le spectateur. Ils ont fait naître le spectacle et se sont donnés eux-mêmes en spectacle à eux-mêmes!

Les gradins modernes de nos stades, de nos forums, de nos colisées, de nos théâtres qui s'étendent sur toute la surface de la terre, définissant une composante de la première civilisation mondiale, sont nés en Grèce et universalisent le concept grec du spectacle.

Déjà la primitive civilisation crétoise avait élevé des gradins sur la place publique pour assister aux courses tauromachiques. Mais c'est en Grèce même que tout un concours de peuple se réunira pour frémir ensemble devant les exploits de sa jeunesse, pour ressentir en commun la grandeur des vers de

ses poètes ou pour rythmer collectivement l'accent imprimé à la poésie par le chant et la danse. Dans ce collectif, le peuple grec trouve le premier la frénésie du spectacle, cet « enthousiasme » contagieux (au sens étymologique, cette prise en main par les dieux), car cette réunion prend place avant tout pour des motifs religieux et le sentiment qui s'en dégage est perçu comme une frénésie divine. Toutefois, rapidement le spectacle a perdu son sens sacré pour devenir l'expression de la première société de loisirs, adonnée autant aux choses de l'esprit qu'à celles du corps.

Le spectacle sportif en Grèce n'était pas le propre d'Olympie. Certes, de tout temps, le festival olympique demeura le principal pôle d'attraction sportif de la Grèce à cause d'une certaine prééminence qui lui était accordée. Il clôturait en effet le cycle des années, l'olympiade, ou période de quatre ans par laquelle on comptait le temps. C'est à chacune des années du cycle olympique que se déroulaient des Jeux Panhelléniques. À Corinthe, la deuxième et la quatrième année de l'olympiade se tenaient les Jeux Isthmiques en l'honneur de Poséidon; à Némée, également la seconde et quatrième année prenaient place les Jeux Néméens en l'honneur d'Héraclès; à Delphes, lors de la troisième année, on concourait en l'honneur d'Apollon. À Athènes, c'est la troisième année de l'olympiade que se déroulaient les Panathénées pour honorer Athéna. De même à Délos, on honorait Apollon et Artémis à tous les quatre ans par de grands Jeux. Aux Ve et IVe siècles chaque cité, pour ainsi dire, possédait des Jeux athlétiques. À la précédente liste, ajoutons, pour mémoire, les Jeux de Délos en l'honneur d'Apollon et ceux de Téos en l'honneur de Dionysos.

La création du spectacle en Grèce n'est pas la seule constatation importante à faire à propos des Jeux anciens. En effet, il faut aussi souligner avec force la place que tenait l'activité physique dans la civilisation grecque, particulièrement celle qu'elle avait acquise dans le système d'éducation.

L'Éducation physique accompagnait très généralement l'Éducation littéraire dans l'école grecque dès sept ou huit ans. Les jeunes filles y avaient habituellement accès. À vrai dire, c'est l'école qui est sortie du gymnase en Grèce et non pas le gymnase qui est venu se greffer à l'école comme de nos jours. Il faut, à cet égard, relire un passage de la Politique *d'Aristote pour se convaincre de l'importance de l'Éducation physique voire de sa prééminence sur l'Éducation littéraire: « Étant acquis, écrit le philosophe, que l'éducation morale doit précéder l'éducation intellectuelle et qu'il faut exercer le corps avant d'exercer l'esprit, il en ressort qu'il faut confier les enfants à l'enseignement du gymnaste et de l'entraîneur; l'un formera le corps, l'autre le rendra propre aux différents exercices. »*

L'Éducation physique et la pratique du sport ont été en Grèce liées à un ensemble de préoccupations hygiéniques et médicales, esthétiques et éthiques et à la fois un symbole de civilisation devant le monde barbare. Ainsi, l'extension du monde grec en Méditerranée s'accompagna-t-elle de l'implantation de gymnases, de palestres et de stades, depuis Marseille jusqu'à Babylone, depuis la Crimée jusqu'à l'Égypte méridionale.

Plus encore, la pratique du sport est apparue en Grèce comme un phénomène de culture, à la

L'origine des Jeux

L'origine des Jeux olympiques, aussi loin que l'on remonte dans l'antiquité grecque, est strictement religieuse. C'est un hommage que les Grecs ont voulu rendre aux premiers habitants de la Grèce. Ces premiers habitants qui, prétendaient-ils, étaient des dieux et des demi-dieux, venus sur la terre pour enseigner aux humains à vivre ensemble. C'est pour exprimer leur gratitude aux dieux que les Grecs leur ont réservé des sites précis, sur tout le territoire connu de l'époque, où ils se rencontraient à date fixe, pour mettre en commun leur connaissance, pactiser et fraterniser.

Un de ces sites fut Olympie, nommé d'après le mont Olympe, situé au nord-est de la Grèce où, disait-on, les dieux avaient leur résidence, et d'où ils descendaient pour prodiguer leur enseignement aux hommes. En choisissant la vallée d'Olympie, considérée comme le plus bel endroit du pays, les Grecs plaçaient au cœur de la Grèce, dans une vallée fertile et accessible à tous, le centre névralgique de cette activité religieuse que furent les Jeux olympiques.

En effet, la vallée d'Olympie offrait des avantages géographiques incontestables: sise entre une rivière et un torrent au sud et à l'ouest, elle se trouvait circonscrite à l'est et au nord, par une colline et une montagne. C'était donc une enceinte naturelle toute désignée pour rassembler en un même lieu, participants et spectateurs, venus de tous les coins de Grèce, prendre part à ces festivités prolongées, destinées autant à remercier les dieux, communs à tous les habitants de l'Hellade, qu'à faciliter les échanges entre les cités grecques, indépendantes les unes des autres.

Ainsi le site d'Olympie, comme ceux de Dodone et de Delphes, aurait été d'abord le siège d'un oracle redouté. On y vénérait les dieux les plus anciens, soit Ouranos, le ciel, et son épouse Gaia, la terre.

Kronos, l'époux de Rhéa, vint ensuite et enleva le pouvoir à Ouranos. Il donna son nom à la montagne qui domine Olympie, le mont Kronion. Une tradition orale, rapportée par deux écrivains grecs, Pausanias et Philostrate, de même que les fouilles archéologiques nous apprennent que Kronos et Rhéa avaient à Olympie des sanctuaires qui leur étaient dédiés. Pour faire mentir l'oracle qui avait prédit qu'il serait détrôné par un de ses fils, Kronos, chaque fois que Rhéa mettait un enfant au monde, le dévorait. C'est pourquoi Rhéa, lorsqu'elle donna naissance à Zeus, utilisa un subterfuge pour lui sauver la vie. Elle substitua une pierre à l'enfant et l'enveloppa de langes. Elle la présenta à Kronos, qui la mangea, croyant se débarrasser de son douzième fils. Afin de cacher l'existence de Zeus à son père, Rhéa le confia à des prêtres, les Curètes, venus du mont Ida, dans l'île de Crète, s'installer en Élide, sur le site d'Olympie. Quand Zeus fut un homme, il détrôna son père, Kronos, et ramena ses onze frères à la vie. Ce fut l'origine des douze dieux et Zeus devint le maître incontesté à Olympie.

Zeus. *Bronze, Musée national, Athènes.*

Les Curètes étaient cinq frères, dont l'aîné s'appelait Héraclès ou Hercule, qu'il ne faut pas confondre avec le héros thébain légendaire, Héraclès, fils d'Ahphitryon et d'Alcmène. C'est à l'Héraclès Idéen qu'appartient la gloire d'avoir institué des jeux qu'il appela olympiques. En effet, Héraclès, pour distraire ses frères, leur proposa une course à pied, dont le gagnant serait couronné d'un rameau d'olivier sauvage. Cet arbre était si abondant dans la région d'Olympie qu'on utilisait ses feuilles pour s'en faire des litières et s'y reposer. Les dieux eux-mêmes participèrent à ces compétitions, consacrant ainsi les Jeux olympiques.

Une autre légende, rapportée également par Pausanias, veut que ce soit Zeus lui-même qui ait instauré les Jeux olympiques, pour célébrer sa victoire sur Kronos, son père. Quel que soit l'initiateur des jeux, ou Héraclès, ou Zeus, on sait que les dieux y prirent part: Apollon, entre autres, aurait vaincu Hermès à la course et Arès à la boxe. C'est pour cette raison qu'on joue l'air pythique consacré à Apollon, pendant le concours de saut qui fait partie du pentathle.

Selon une autre tradition, c'est à un descendant d'Héraclès Idéen que l'on devrait l'origine des jeux. Ce serait Clyménos, fils de Cardis, qui serait venu de Crète à Olympie, environ cinquante ans après le déluge de Deucalion et qui aurait élevé un autel aux Curètes et organisé des jeux en leur honneur. Il aurait transplanté à Olympie le culte de Zeus, localisé primitivement en Crète et par le fait même le culte d'Héra, son épouse. Ce même Clyménos aurait régné sur Olympie jusqu'à ce que Endymion, fils du premier roi d'Élis, Aéthlios, d'où vient le mot athlète, lui enlève le pouvoir.

C'est à ce moment-là que la ville d'Élis perdit la suprématie sur Olympie, qui passa à l'autorité du roi Oenomaos, de Pise. Ce roi avait une fille, Hippodamie, d'une incomparable beauté. Plusieurs prétendants avaient déjà manifesté leur intention de l'épouser, mais le roi avait décidé qu'il accorderait la main de sa fille à celui de ces prétendants qui le surpasserait à la course de chars. Un prince phrygien, nommé Pélops, se présenta et accepta les conditions d'Oenomaos. Avant la course, il soudoya le cocher du roi, lequel accepta de dévisser un écrou fixé à une roue du char dont se servait Oenomaos. Ce dernier fut tué et Pélops, proclamé vainqueur. Il célébra sa victoire en organisant des compétitions sportives et en ordonnant qu'elles se répètent à sa mémoire, à intervalles fixes. À la mort de Pélops, ses fils quittèrent l'Élide et se dispersèrent dans toute la péninsule sud de la Grèce qu'ils nommèrent Péloponnèse.

Vinrent ensuite Augias, un des descendants de Pélops, et Héraclès, le héros thébain, qui, toujours selon Pausanias, continuèrent la tradition. Augias, propriétaire d'écuries célèbres, infestait le pays du fumier de ses troupeaux. Il engagea Héraclès pour nettoyer les terres et lui promit comme récompense une partie de l'Élide. Héraclès s'acquitta de sa tâche en détournant les eaux d'un fleuve voisin qui déborda et lava le pays de toutes ces immondices. Malheureusement, Augias ne tint pas parole et ne remit pas à Héraclès le prix convenu. Ce dernier déclara la guerre à Augias, détruisit Élis et se rendit à Olympie célébrer sa victoire. Il y organisa des jeux où les participants concouraient pour l'honneur de la victoire et non pas pour une récompense. Cet Héraclès, originaire de Thèbes, s'appelait d'abord Alcide. C'est comme serviteur d'Héra qu'il prit le nom d'Héraclès et accomplit ses douze célèbres travaux. Pindare, poète lyrique de l'époque classique grecque, proclame et chante Héraclès comme l'initiateur des Jeux olympiques. C'est lors de l'accomplissement d'un de ses travaux, qu'il aurait rapporté du pays des Hyperboréens, une pousse d'olivier sauvage qu'il aurait planté. Ce sont les branches de cet arbre qu'on aurait utilisé pour couronner le vainqueur d'Olympie. Il semble bien qu'il s'agisse là d'une licence poétique de Pindare quant à l'origine des jeux. Quoi qu'il en soit, les deux Héraclès, celui de Crète, l'un des Curètes, et celui de Thèbes, le serviteur d'Héra, se ressemblent et souvent se confondent: on aurait reporté les mérites de l'un à l'autre.

Voici maintenant ce que nous apprend l'histoire. Après l'invasion dorienne, les Achéens, qui habitaient la Grèce centrale, se virent repoussés vers la région de Pise où ils se fixèrent. Les Étoliens s'établirent en Élide et les Doriens peuplèrent la Laconie. Ainsi trois peuples prédominent dans trois cités de cette région de Grèce. Toutefois, longtemps ces trois villes, Pise, Élis et Sparte, se disputèrent entre elles pour de multiples raisons, car les Grecs, conscients de leur liberté et soucieux de leur indépendance en ce qui touchait leur cité, étaient sans cesse prêts à prendre les armes pour défendre autant leur territoire que leurs droits individuels.

En 884 avant J.-C., les rois de ces villes, Cléosthène de Pise, Iphitos d'Élis et Lycurgue de Sparte, ressentirent fortement l'inutilité de ces guerres intestines et décidèrent de mettre fin à leurs querelles coutumières. Ils choisirent pour se rencontrer un terrain neutre, la vallée d'Olympie où ils

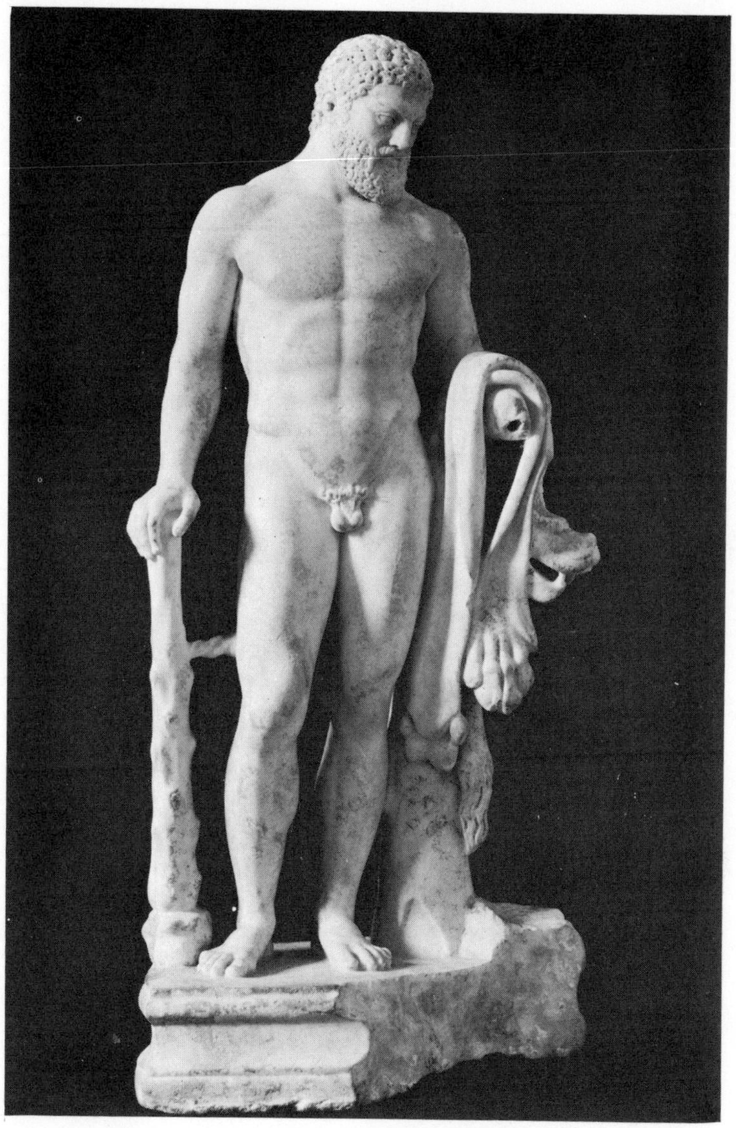

Héracles. *Marbre, Courtoisie du Museum of Fine Arts, Boston.*

conclurent un traité de longue durée et consacrèrent cet accord en faisant célébrer des jeux, tel que l'avait recommandé l'oracle de Delphes qu'avait consulté Iphitos. Pour maintenir cette trève en vigueur de façon régulière, ils formèrent une sorte de parlement olympique chargé de proclamer la tenue de jeux sportifs à intervalles réguliers, jeux qui réuniraient les athlètes des trois régions concernées.

C'es ten 776 cependant que les jeux, dits olympiques, devinrent officiellement des concours panhelléniques auxquels prenaient part des participants venus des différentes villes grecques de tout le territoire connu de l'époque. Olympie devenait alors, tous les quatre ans, entre la fin de juillet et le début de septembre, le centre national de rencontre des habitants de toutes les cités grecques autonomes, et la trève sacrée, respectée par chacun, eut bientôt la force d'une règle de droit international.

Comme on le voit, la mythologie s'allie mystérieusement à l'histoire pour expliquer l'origine des Jeux olympiques. Les Grecs anciens, fantaisistes, imaginatifs et poètes à la fois, transposèrent l'histoire dans la légende, associant l'une à l'autre à tel point qu'elles se confondent dans la nuit des temps.

Le site

Lorsqu'on visite les ruines d'Olympie, il ne faut pas s'attendre à retrouver une ville antique, car Olympie n'exista jamais en tant que ville. Olympie fut toujours uniquement un centre panhellénique religieux et sportif où on construisit des temples et des installations sportives. Parce que centre permanent d'athlétisme, le site de l'ancienne Olympie avait l'immense avantage de procurer aux athlètes une très grande familiarité avec l'équipement sportif et de leur assurer par le fait même une parfaite sécurité. Cette permanence et cette stabilité qui se prolongea au-delà d'une dizaine de siècles permit de perfectionner les installations primitives, d'agrandir le centre originel et de l'enrichir de nouveaux édifices religieux et sportifs. Ce centre panhellénique qui affecte la forme d'un triangle est situé dans une vallée calme et paisible entre deux fleuves, le Kladéos et l'Alphée, qui le bordent à l'ouest et au sud-est tandis que le mont Kronion le limite au nord.

L'enceinte sacrée à l'intérieur de laquelle s'élèvent les temples a été dénommée « Altis » par Pindare. Elle s'appelait autrefois « Alsos », c'est-à-dire bois consacré, car au début ce téménos consistait uniquement en un bois d'oliviers et de platanes renfermant de grossiers autels faits de pierres entas-

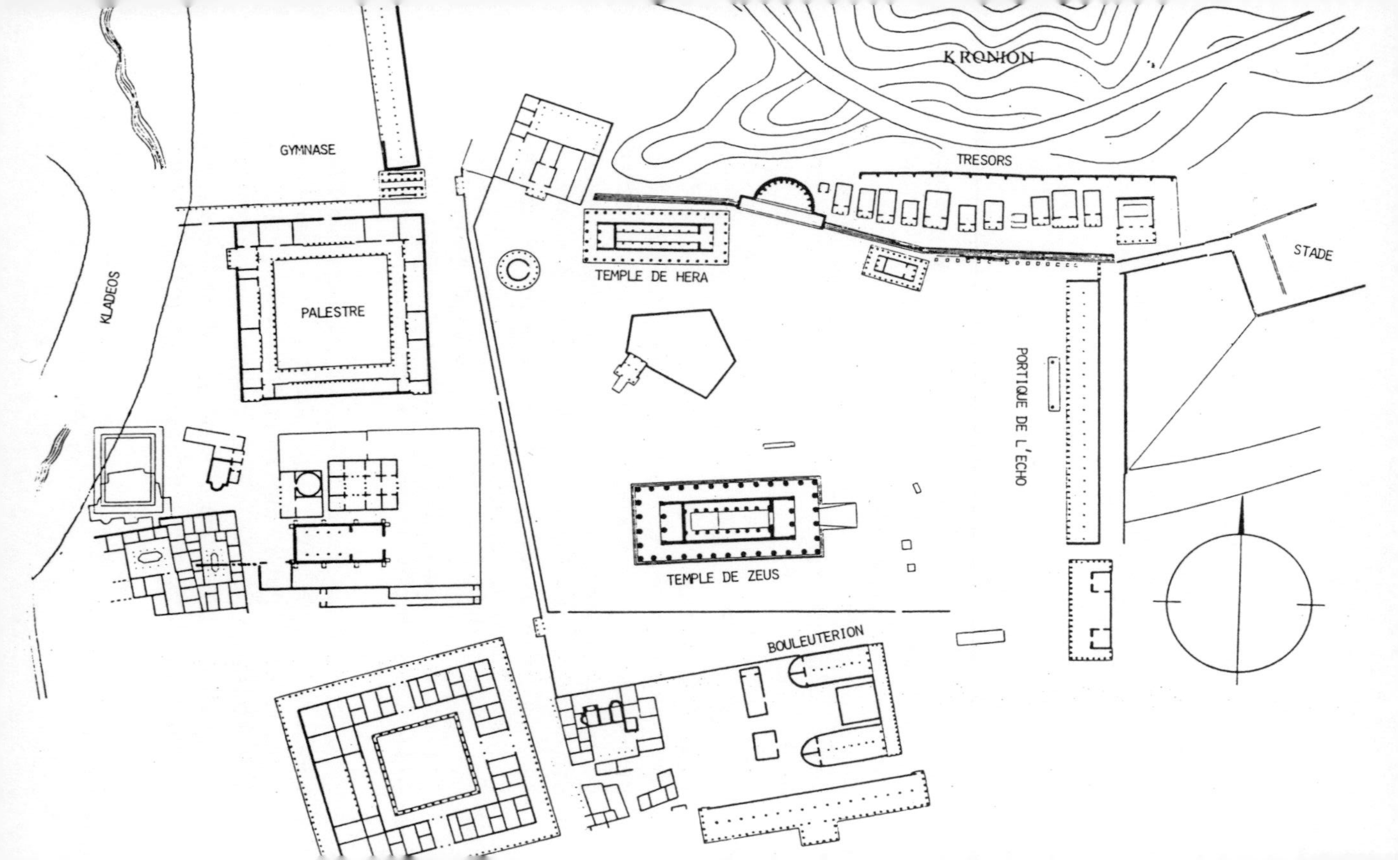
KRONION
TRESORS
GYMNASE
STADE
KLADEOS
PALESTRE
TEMPLE DE HERA
PORTIQUE DE L'ECHO
TEMPLE DE ZEUS
BOULEUTERION

Maquette d'Olympie. *Musée d'Olympie.*

sées. L'Altis a la forme d'un quadrilatère dont les dimensions varièrent au cours des siècles. Au nord, juste au pied du mont Kronion, s'alignaient douze trésors ou édifices érigés par diverses cités grecques. En face des trésors, se dresse un mur auquel étaient adossées les Zanès, statues en bronze de Zeus, élevées avec le produit des amendes infligées à ceux qui contrevenaient au règlement des jeux en se laissant corrompre ou en corrompant pour obtenir la victoire. On a retrouvé seize socles ce qui indique qu'il y eut en tout seize Zanès.

À l'ouest des trésors, se trouvent les ruines de l'Exèdre d'Hérode Atticus, construit au IIe siècle de notre ère (157-160). Ce riche personnage fit édifier ce monument pour remédier à la pénurie d'eau qui fut toujours le plus grand problème d'Olympie. Même si deux fleuves contournaient le site, ceux-ci presque à sec à cette période de l'année, ne suffisaient pas aux besoins de la foule venue assister aux jeux. Lucien raconte, qu'une année, pendant la tenue des jeux, la chaleur fut tellement suffocante que la soif causa de cruels ravages parmi les nombreux visiteurs. Hérode Atticus fit donc capter et canaliser les eaux de la rivière Miraka jusqu'au résorvoir de l'Exèdre qui devait alimenter en eaux fraîches les habitants et les visiteurs d'Olympie.

Le Portique d'Écho, désigné ainsi parce que la voix s'y répercutait sept fois, limitait l'Altis à l'est. D'après Pausanias, ce portique s'appelait jadis « Poikilè Stoa », c'est-à-dire Portique aux Variétés à cause des décorations de son mur de fond (peintures polychromes et inscriptions). Il fut construit au IVe siècle (350 avant J.-C.) sur l'emplacement d'un portique plus ancien et servait surtout pour le concours des hérauts, les messagers chargés de

Le temple de Zeus.

proclamer la trêve sacrée. Le vainqueur de ce concours avait l'honneur de proclamer le nom des olympioniques.

Parmi les temples érigés à l'intérieur de l'Altis, celui de Zeus est sans aucun doute le plus important. Ce temple (468-456) presque contemporain du Parthénon d'Athènes (447-432) renfermait la statue en or et en ivoire de Zeus exécutée par Phidias, célèbre sculpteur grec (438-430).

Dans le pronaos ou vestibule du temple, on plaçait, lors de la célébration des jeux, la table en or et en ivoire de Colôtès, émule de Phidias; peu avant la fin des compétitions, on y déposait les couronnes que les Olympioniques porteront fièrement lors de la grande cérémonie finale.

Près de l'angle sud-est du temple, on peut encore voir le piédestal triangulaire qui supportait la Victoire de Paeonios. À l'angle sud-ouest, près de l'autel des Nymphes, poussait l'olivier sacré dont les rameaux taillés avec un couteau d'or par un garçon dont le père et la mère vivaient encore étaient destinés à couronner les vainqueurs des jeux.

Après le temple de Zeus, celui d'Héra son épouse, situé au pied du mont Kronion est le monument le plus intéressant et aussi le plus ancien d'Olympie. Dans l'une des chapelles de ce temple fut découvert en 1877 la célèbre statue d'Hermès, œuvre de Praxitèle. C'est aussi dans la réserve (opisthodomos) de ce temple qu'on conservait plusieurs objets précieux entre autres la table en or et en ivoire de Colôtès et le disque d'Iphitos, roi d'Élis, sur lequel les règlements de la trêve sacrée étaient inscrits en cercles concentriques.

Lors des Jeux olympiques modernes, c'est sur

Le temple d'Héra, sœur et épouse de Zeus.

les ruines de l'autel d'Héra, situées devant ce temple, qu'on allume la flamme olympique.

À quelques mètres en face du temple d'Héra, s'élevait le Métroon (IVe siècle avant J.-C.) dédié à Rhéa-Cybèle, considérée comme la mère des dieux.

Entre le temple de Zeus, celui d'Héra et le Métroon s'élevait le grand autel de Zeus. C'est sur cet autel qu'on célébrait en période de jeux les plus importants sacrifices. Un escalier de 32 marches permettait d'atteindre le sommet de cet autel qui mesurait sept mètres. À l'origine des jeux, cet autel était le terme de la course et c'était le coureur vainqueur au stade, c'est-à-dire à la course simple, qui avait l'insigne honneur d'allumer la flamme de l'autel. Il est intéressant de noter que, si aux Jeux olympiques modernes l'ovation de la flamme constitue le premier acte officiel, c'est-à-dire l'ouverture des jeux, il n'en était pas de même dans l'antiquité. C'est le premier jour des compétitions mais le deuxième du festival qu'on allumait la flamme de l'autel et ce privilège revenait au vainqueur de la course simple.

Entre les deux grands temples se trouvent les ruines de plusieurs édifices construits à différentes époques.

Le Pélopion, entre le temple de Zeus et celui d'Héra, fut édifié au VIe siècle et renfermait le tombeau de Pélops, le grand héros des lieux. C'était donc un monument funéraire où l'on sacrifiait une fois l'an un bélier noir en l'honneur du héros.

On construisit aussi à Hippodamie, son épouse, un monument analogue, l'Hippodameion. Seules les femmes participaient une fois par an aux cérémonies qui se déroulaient à l'intérieur de ce monument. L'emplacement de cet édifice est très incertain. Plusieurs le situent à l'ouest du temple de Zeus.

À l'angle sud-ouest du temple d'Héra se dressait le Philippeion, édicule circulaire. Ce monument commencé par Philippe II de Macédoine fut sans doute terminé par Alexandre le Grand en l'honneur de son père. Cette tholos ou temple circulaire était simplement commémoratif.

D'après Pausanias, le Palais d'Oenomaos, roi de Pise, s'élevait entre l'autel et le temple de Zeus. Une colonne de bois, reste du palais, indiqua longtemps l'endroit de cette demeure royale détruite par la foudre du dieu. On pouvait lire l'inscription suivante: « Étranger, sache que je suis un vestige d'un palais glorieux. J'étais jadis une colonne dans la maison d'Oenomaos. J'en porte encore l'honneur, ici, près du temple de Zeus. La foudre destructrice a eu pitié de moi. »

À l'intérieur de l'Altis, on peut aussi voir de nombreux socles qui supportaient les statues des Olympioniques, des chefs d'État et même des chevaux et des attelages vainqueurs. Pausanias, le grand voyageur grec du IIe siècle de notre ère, a compté jusqu'à 3,000 statues. Le plus grand honneur pour un vainqueur aux jeux était le privilège qui lui était accordé d'ériger sa statue en marbre ou en bronze dans l'enceinte sacrée. Si la cité du vainqueur était assez riche, elle payait pour l'érection d'une seconde statue. L'omission de ce devoir sacré était punie par les dieux. On raconte qu'une cité ayant négligé d'élever une statue à un de ses athlètes vainqueurs ne put pendant onze Olympiades consécutives obtenir l'honneur d'un Olympionique bien que plusieurs concurrents participaient aux jeux. Finalement, les hauts fonctionnaires de cette cité promirent aux dieux que si un de ses enfants sortait vainqueur, l'acte odieux commis dans le passé serait réparé. Immédiatement aux Olympiades suivantes, cette cité eut la gloire de compter un Olympionique auquel elle érigea une statue en or et en ivoire.

Toutes les installations sportives et les constructions nécessitées par le culte et à la fois par les jeux sont situées en dehors de l'Altis. En pénétrant sur le site de l'ancienne Olympie, le premier édifice que l'on rencontre à sa droite est le gymnase. C'est un espace rectangulaire bordé de portiques sur ses quatre côtés. C'est dans cet espace à ciel ouvert que s'entraînaient les coureurs et les concurrents du pentathlon: les lanceurs de disques et de javelots. Le portique, long de 210,50 m, pouvait être ramené à la longueur du stade olympique grâce à une série de trous situés à chaque extrémité et dans lesquels on fixait des poteaux distants entre eux d'un stade olympique. Ce portique servait donc à l'entraînement des coureurs en temps de pluie ou de trop grande chaleur. Les vestiges de ce portique de même que ceux du portique sud sont encore visibles. Les deux autres portiques ont été emportés par les crues du Kladéos.

C'est dans le Gymnase, selon Pausanias, qu'étaient logés les athlètes pendant leur séjour à Olympie. « En entrant dans le gymnase, dit-il, vous voyez à gauche un enclos de moindre étendue où s'entraînent les athlètes; le Portique qui fait face au soleil levant est flanqué de plusieurs autres édifices où ils sont logés. »

La Palestre fait suite au Gymnase. C'est une cons-

Le gymnase. La colonnade des portiques et la cour centrale.

truction carrée de 66 m de côté. Dans la cour intérieure à ciel ouvert s'entraînaient les athlètes devant participer à la lutte, au pugilat, au pancrace et au saut. Les galeries couvertes qui délimitaient la cour intérieure comprenaient plusieurs salles où les athlètes s'enduisaient d'huile, où ils se saupoudraient le corps avec du sable et où, dans une pièce munie d'un réservoir, ils pouvaient prendre un bain froid. On a retrouvé de plus, non loin de la palestre, une installation de bains. Les Grecs avaient l'habitude de se laver avant et après tout exercice gymnique. Ces bains furent améliorés et transformés à la période romaine.

De l'autre côté de l'Altis et opposé au Gymnase et à la Palestre se trouve le Stade (IVe siècle avant J.-C.), long de 192,25 m. C'était le centre des jeux puisque tous les concours s'y tenaient à l'exception de la course de chars et de chevaux montés. Un long passage muni d'un long banc pour le repos des athlètes donne accès au stade. Ce corridor étroit a été transformé en tunnel voûté au 1er siècle avant J.-C. et a reçu le nom de Porte Crypte. C'est cette entrée qu'empruntaient les Hellanodices, juges des jeux, et les concurrents pour se rendre au Stade. À chaque extrémité du Stade, des dalles de calcaire munies de rainures perforées de trous où on enfonçait des poteaux entre lesquels pouvaient se placer 20 coureurs marquent la ligne de départ (aphésis) et la ligne d'arrivée (terma).

Il faut noter que pour la course simple, le stade, le départ s'effectuait à partir de l'extrémité est tandis que pour la course double, le diaulos, de l'extrémité ouest, le terma étant toujours du côté de l'autel de Zeus. Cette coutume remontait aux temps anciens, comme le raconte Philostrate, écrivain latin du

La palestre. La colonnade des portiques.

La porte crypte.

Le stade.

IIe siècle de notre ère. C'est au coureur vainqueur à la course simple que revenait l'honneur d'allumer la flamme de l'autel. Cet athlète était donc un favori du grand dieu et recevait des honneurs particuliers. Les Jeux olympiques postérieurs portaient même son nom. Des écrits nous ont conservé le nom de Coreobos, vainqueur à la course aux Jeux olympiques de 776 et à partir duquel on compta par Olympiades, laps de temps compris entre la célébration des jeux. Les talus entourant le Stade ne sont pas munis de gradins; les spectateurs prenaient place sur la terre même. Vers le milieu du Stade, du côté sud, on remarque une tribune qui était probablement réservée aux Hellanodices, juges des jeux. Sur le talus opposé et face à la tribune se dresse l'autel de Déméter où trônait, pendant les concours, la prêtresse de cette déesse, la seule femme qui pouvait assister aux jeux. Cette tradition vient de l'ancien culte agraire en l'honneur de Déméter et qui avait précédé celui de Zeus. Tous les ans à la période des semailles, on organisait un festival pour célébrer le mariage sacré de Déméter et de Iasion. Hésiode, contemporain d'Homère, raconte que Déméter s'était unie à Iasion, fils de Zeus, sur une jachère trois fois retournée. Et comme à ces festivités, la prêtresse de Déméter remplaçait toujours la déesse, cette coutume fut maintenue.

L'Hippodrome était situé au sud du Stade et disposé parallèlement à celui-ci. Il mesurait deux longueurs de stade, c'est-à-dire 385 m. Il a complètement disparu, emporté par le déplacement du lit de l'Alphée au Moyen Âge. L'Hippodrome ressemblait beaucoup au cirque chez les Romains. La piste était divisée en deux sections égales par une spina, longue et étroite plate-forme munie d'une borne à chacune de ses extrémités. Les chars passant trop près de la borne couraient le risque d'être fracassés. La borne de l'est surtout était considérée comme très dangereuse. On disait même que le génie Taraxippos se cachait près de celle-ci et effrayait les chevaux. C'est pourquoi, comme le raconte Pausanias, on faisait une offrande à ce génie avant la course pour implorer sa protection.

Les autres édifices, en dehors de l'Altis, servaient ou à recevoir les administrateurs du culte, du lieu sacré et des jeux ou à loger les hôtes de marque.

Au sud de la Palestre, se trouvent les ruines du Théokoléon, construit au IVe siècle avant J.-C., demeure des prêtres et des devins. À chaque Olympiade, on nommait trois Théokoles ou prêtres chargés de la surveillance des lieux sacrés et de la célébration des sacrifices. Ces prêtres étaient les seuls habitants permanents d'Olympie.

Près du Théokoléon et au sud-ouest de l'Altis, s'élevait le plus vaste édifice d'Olympie, le Léonidaion, nom emprunté à son fondateur Léonidas de Naxos. C'était le plus grand hôtel de l'antiquité, construit au IVe siècle avant J.-C. et destiné à loger les invités de marque. Il comprenait au centre une cour intérieure entourée d'un péristyle dorique. Dans les portiques disposés sur les quatre côtés de la cour intérieure se trouvaient quatre-vingt chambres pour les hauts personnages. À l'extérieur, l'édifice était ceinturé d'une galerie avec une quadruple rangée de colonnes ioniques qui lui donnait un aspect imposant et majestueux.

Au-delà du mur sud de l'Altis, on peut encore voir les vestiges du Bouleutérion, l'un des plus anciens monuments d'Olympie, où résidait le Sénat. Cet édifice avait la forme d'un fer à cheval. Et c'est dans l'espace compris entre les deux branches qu'était placée la statue de Zeus Horkios, Zeus protecteur des serments.

Au nord-ouest du temple d'Héra gisent les ruines du Prytanée, centre politique et foyer des Éléens. Cet édifice renfermait la chapelle d'Hestia, déesse du foyer, où le feu brûlait jour et nuit, et une salle à manger. C'est dans cette salle que les hôtes publics, les Olympioniques et, en temps ordinaire, les prêtres prenaient leurs repas. C'est là aussi que le dernier jour des jeux on donnait un grand banquet en l'honneur des nouveaux Olympioniques.

Le financement des Jeux

En considérant ces magnifiques constructions religieuses, ces spacieuses installations sportives et ces luxueux édifices destinés tant au Conseil d'administration qu'aux délégations officielles, il est toujours d'actualité de s'interroger sur le mode de financement employé par les Grecs.

Malheureusement les auteurs anciens ne nous renseignent nullement sur la manière dont les Grecs subvenaient aux dépenses occasionnées tant par l'entretien des installations du site olympique que par l'organisation des jeux. C'est uniquement par comparaison avec ce que nous savons au sujet de l'organisation financière des festivités d'Athènes que nous pouvons essayer d'imaginer le système financier utilisé à Olympie.

À Athènes, la responsabilité financière de l'organisation des jeux incombait à de riches citoyens qui devaient à tour de rôle assumer une lourde charge publique désignée sous le nom de liturgie. Des dispositions nécessaires étaient même prises afin que les grands magnats de la finance ne puissent s'esquiver. Un de ces riches individus, nommé pour la circonstance rémunérateur des jeux (agonothète), devait donc accepter de défrayer toutes les dépenses occasionnées par la célébration du festival sacré. Il pouvait cependant se faire aider dans cette fonction par le juge des athlètes (athlothète) ou par le chef de gymnase (gymnasiaque). Ce dernier était élu chaque année et avait l'entière responsabilité de l'entraînement physique dans la cité. C'est lui qui choisissait et organisait les équipes devant représenter la cité dans les courses aux flambeaux et les concours d'athlètes. Il était aussi chargé de renouveler l'approvisionnement d'huile nécessaire aux athlètes. Comme le rémunérateur des jeux (agonothète), il devait souvent payer de sa poche le matériel nécessaire aux compétitions. Le rang social d'un riche citoyen dépendait dans une large mesure de la façon dont il s'acquittait de cette charge publique et de l'empressement qu'il mettait à dépenser son propre argent pour rehausser les jeux à la grande satisfaction de tous. Le rémunérateur des jeux, plus spécialement aux époques récentes, avait occasionnellement la possibilité de recourir à d'autres sources de revenus que sa propre fortune pour défrayer les dépenses des jeux, car plusieurs festivals étaient parfois rémunérés par des présents, des legs ou des subventions impériales.

Cependant, il est presque certain qu'à Olympie, les dépenses n'étaient pas défrayées par de riches personnages, mais elles devaient être par contre largement comblées par les présents des riches cités ambitieuses et désireuses de se faire un glorieux renom.

De plus le prix des billets d'entrée du stade pouvait aussi aider au financement des jeux. Mais les spectateurs devaient-ils payer ou non un droit d'entrée? C'est un point qui n'a jamais été éclairci. Si on considère encore ce qui se passait à Athènes, on sait que pour l'entrée au théâtre les Grecs devaient payer leur billet, l'État ne défrayant que la place des pauvres. Il semble certain cependant que le trésor des théories payait les dépenses des théores, c'est-à-dire des délégués officiels. Dans la *Constitution d'Athènes,* parfois attribuée à Aristote, nous lisons que les administrateurs du trésor des théories étaient élus et que la durée de leur mandat courait d'un festival panathénaïque à un autre. Comme c'était une organisation athlétique, il y aurait peut-être lieu de penser que les premières constitutions de fonds commencèrent avec ces genres de cérémonies. Une inscription de 160 avant J.-C. remercie Nicogénès pour les services rendus comme rémunérateur des jeux au festival de Thésée à Athènes. L'inscription révèle de plus qu'il a payé 1,200 drachmes pour les places du Sénat ce qui porte à croire que les spectateurs devaient payer leur place au stade. Mais il est clair que le prix des billets d'entrée, si ce système existait, ne suffisait pas à défrayer les dépenses du festival. Une autre inscription datée de 228 avant J.-C. indique en effet qu'Eurycleidès, rémunérateur des jeux, dut payer de sa poche sept talents pour couvrir les dépenses.

À Olympie, cependant, où une foule innombrable accourait de la Grèce entière, les revenus provenant du prix d'entrée au stade devaient constituer une somme d'argent fort appréciable. Il est tout à fait raisonnable de penser que les Grecs n'ont pas dû négliger un apport aussi substantiel.

Colonne dorique du temple d'Héra.

voie située entre le Gymnase et la Palestre d'un côté et le mur ouest de l'Altis de l'autre. Il pénétrait dans l'enceinte sacrée par la porte du sud. Une foule en délire acclamait le majestueux cortège.

Le premier jour des festivités était inauguré par une procession solennelle qui, partant du Prytanée, suivait le chemin habituel des processions. En tête marchaient les hérauts et les trompettes, venaient ensuite les Hellanodices parés de pourpre, les prêtres et leurs acolytes avec les victimes, les fonctionnaires, les ambassadeurs officiels avec leurs présents et finalement les concurrents, les chevaux et les chars. Ayant pénétré dans l'Altis, le cortège se dirigeait vers le grand autel de Zeus au pied duquel on sacrifiait les victimes à Zeus Chasse-mouches. Pline l'Ancien qui a assisté à cette cérémonie s'étonne de l'efficacité de ce rite: « Il n'existe pas d'animal moins docile et moins intelligent que la mouche. On n'en doit que plus admirer le miracle d'Olympie. Aux jeux sacrés, après l'immolation du taureau à Zeus Myodès, les nuées de mouches évacuent tout le territoire. » L'offrande était rendue nécessaire à cause des nuées de mouches attirées en cette période de chaleur torride par les nombreux conifères qui poussent dans la vallée d'Olympie et aussi par l'odeur des viandes des victimes, des victuailles des boutiques et surtout par la décomposition des déchets de toutes sortes. Pausanias raconte qu'Héraclès lui-même fut torturé par les moustiques au moment des sacrifices à Olympie. Les prières et les chants de ce sacrifice solennel étaient accompagnés des sons de la flûte. Après cette cérémonie, les Hellanodices, les entraîneurs, les concurrents et leurs parents se rendaient au Bouleutérion, dans une aire carrée à ciel ouvert.

C'est là que se trouvaient l'autel et la statue de Zeus Horkios témoin et dépositaire des serments prononcés par les athlètes.

De plus, chaque jour consacré aux jeux s'ouvrait d'ordinaire par une procession. Le premier jour, le cortège solennel des Hellanodices et des athlètes partait du Gymnase, pénétrait dans l'Altis et faisait une invocation à Zeus avant de pénétrer dans le Stade où il était accueilli par le son des trompettes.

Le jour suivant (le troisième jour des festivités et le deuxième des jeux), toutes les hautes personnalités d'Olympie et les athlètes se rassemblaient devant le Prytanée tandis que les spectateurs se massaient autour de l'Altis. À l'intérieur du Prytanée, un prêtre offrait un sacrifice à Hestia, déesse du Foyer. L'offrande accomplie, un autre prêtre entonnait un hymne en l'honneur de Zeus, composé pour la circonstance par un des grands poètes de la Grèce. La procession descendait ensuite dans l'Altis et se rendait au grand autel de Zeus. Plusieurs prêtres montaient alors jusqu'au haut de l'autel pour y allumer le feu. C'était le grand sacrifice en l'honneur de Zeus, l'hécatombe, l'immolation de cent bœufs. Pendant la cérémonie, on chantait des hymnes à Zeus et à d'autres divinités. Plusieurs même dansaient autour de l'autel, pendant que le sacrificateur saignait et entassait les victimes propitiatoires.

Le dernier jour du festival, une procession partait du Prytanée et se rendait devant le temple de Zeus où avait lieu la proclamation des olympioniques. Les juges couronnaient les vainqueurs d'une simple branche d'olivier cueillie sur l'olivier sacré qui poussait dans l'enceinte du sanctuaire. C'était l'honneur suprême convoité par tout jeune Hellène. Cette modeste récompense révèle le haut idéal des Jeux olympiques anciens: la force et la beauté unies à la vertu, le « Kalos k'agathos ».

Plus tard, on décida de remettre en plus aux vainqueurs, immédiatement après la compétition, un rameau d'olivier et un ruban. Un héraut s'avançant alors sur la piste proclamait le nom du vainqueur ainsi que celui de son père et celui de sa cité. L'aurige, c'est-à-dire le conducteur de char, était toujours couronné d'une bandelette de laine immédiatement après sa victoire. Le grand honneur de la couronne d'olivier était réservé au propriétaire des chevaux.

Après la remise des couronnes, la procession se reformait pour se rendre au grand autel de Zeus où on offrait un dernier sacrifice. Ce rite accompli, les Jeux étaient officiellement terminés. Il ne restait plus aux vainqueurs qu'à participer au banquet offert en leur honneur par les Éléens dans le Prytanée magnifiquement décoré pour la circonstance. Certains riches olympioniques voulant s'attirer les bonnes grâces du peuple agrandissaient considérablement le cercle des invités. On rapporte qu'Alcibiade, riche athénien, après sa triple victoire de char, aurait invité toute la foule à festoyer avec lui.

La trêve sacrée

La sélection et l'entraînement des athlètes ou des attelages sont toujours restés dépendants des paroles que l'oracle adressait un jour au roi d'Élide, Iphitos: « Gardez-vous de la guerre, lui avait dit la Pythie, cultivez l'amitié commune avec les Héllènes aussi longtemps que l'année d'allégresse arrive à vos jeux annuels. » Telle fut l'origine de cette institution pacifique appelée: trêve sacrée. Initialement la suspension de toute hostilité ne concernait que trois cités de la presqu'île du Péloponnèse: Sparte, Élis et Pise. Cette association peut paraître étrange étant donné le caractère disparate de chacune des composantes; on connaît en effet la réputation belliqueuse de la grande cité laconienne et pourtant cette dernière accepte de partager une politique qui assurera le succès de l'organisation mise sur pied par deux villes du territoire voisin dont les ambitions restèrent pour le moins toujours modérées.

La partie la plus importante des responsabilités revenait en particulier à Élis située à une cinquantaine de kilomètres d'Olympie. Comme celle-ci hébergeait les bureaux administratifs des jeux, il était normal qu'elle ordonne la proclamation de la trêve ainsi que l'imposition des sentences dans les cas litigieux. L'acte protocolaire se déroulait avec précision. Trois mois avant l'ouverture des compétitions, des hérauts partaient d'Élis en direction des quatre points cardinaux pour annoncer aux Grecs des métropoles comme aux Grecs des colonies le prochain événement panhellénique. Chacun était reçu officiellement par des associations locales à qui incombait la charge d'assembler le peuple pour la promulgation de la trêve sacrée. À cause de cette mission bien définie, les Grecs appelaient cet envoyé Spondophore, c'est-à-dire celui qui proclame la trêve. Portée à la connaissance de chaque citoyen et à celle des chefs d'État, la nouvelle olympiade devait commencer par la suspension des hostilités afin que tous les athlètes, les entraîneurs et les supporteurs puissent atteindre sans risque le territoire de l'Élide et vivre, sinon en frères du moins en paix les uns à côté des autres pour la durée de la préparation et du déroulement des jeux.

Le moindre manquement fut sévèrement sanctionné peu importe le prestige de l'État fautif. La tradition écrite rapporte que la belliqueuse Sparte eut beau prétexter que la proclamation de l'année 426 n'était pas parvenue jusqu'à la cité au moment où ses soldats hoplites envahirent le territoire de la cité Lepreum, elle fut néanmoins contrainte de payer une amende au prorata de son armée. La somme une fois versée, ses ambassadeurs purent regagner le sanctuaire et ses athlètes achever leur entraînement. Cette protection s'étendait également à chacun des voyageurs en route pour Olympie. C'était comme une immunité diplomatique de sorte que l'État était toujours impliqué et surtout tenu responsable, même si le délit ne mettait en cause qu'une personne agissant à titre individuel. La tradition veut que Philippe de Macédoine intervint en

Paysage d'Olympie.

personne quand un de ses mercenaires attaqua un Athénien du nom de Phryam en route pour les jeux. Le sénat olympien ne se laissait nullement impressionner par la grandeur des cités participantes et il appliquait intégralement la lettre de la proclamation: « Que le monde soit délivré du crime et de l'assassinat et exempt du bruit des armes. »

L'entraînement des athlètes

Au cliquetis des glaives et des boucliers succédaient les airs de flûtes qui soutenaient les efforts des athlètes jugés de calibre olympique, dirait-on aujourd'hui. Afin de maintenir la qualité exceptionnelle des compétitions et également pour donner une certaine unité au déroulement, les athlètes complétaient les dix mois d'entraînement intensif qu'ils s'étaient donnés dans leur ville respective par un mois vécu en commun sur le site d'Élis. Les entraîneurs locaux cédaient leur place aux juges immédiatement responsables des compétitions. Il ne restait que 30 jours pour s'acclimater au milieu, pour se familiariser avec l'équipement et surtout pour s'adapter au régime alimentaire. Il est connu que les conditions climatiques de tel ou tel site peuvent gâter le rendement athlétique si les organisateurs ne prévoient pas un séjour de préparation pour les concurrents. Au même titre, il faut du temps à un champion pour évoluer sans gêne sur un terrain nouveau. Toutefois à en croire les anecdotes, les difficultés majeures provenaient de la nourriture commune.

Pendant longtemps le plat légendaire appelé brouet fut bien connu et par ailleurs aussi peu apprécié que dans les casernes spartiates. On y ajoutait cependant des fromages, parfois des figues séchées, rarement des noix. Au Ve siècle, un athlète osa défier cette tradition en mangeant régulièrement de la viande ce qui ne l'empêcha pas de gagner successivement comme coureur de fond aux différents jeux panhelléniques. Il mérita ainsi le nom si envié de périodonique, c'est-à-dire couronné d'olivier à Olympie, couronné de pin à Corinthe, couronné de céleri à Némée et de laurier à Delphes.

Son exemple ne tarda pas à devenir de règle. La gloutonnerie du célèbre lutteur Milon de Crotone n'a d'égal que son propre record de victoires. Cet athlète, natif de l'Italie du sud, s'éloignait, paraît-il, des habitudes frugales et absorbait journellement vingt livres de viande, le même poids de pain, le tout arrosé de quelque dix-huit bouteilles de vin. C'est à se demander si certaines prouesses ne relevaient pas du défi: ainsi non content de placer sur le socle sa propre statue que sa ville natale Crotone avait offerte au sanctuaire, il parada sur le stade en transportant un taureau de quatre ans. Mis en appétit par ces exploits herculéens, il dévora l'animal entier, d'après la légende, la journée même. On comprend donc plus facilement que les artistes grecs n'aient pas hésité à dessiner des lutteurs bedonnants, alors qu'habituellement ils idéalisaient le corps humain en particulier pour les muscles abdominaux.

En général l'athlète grec se présente à l'entraînement l'estomac vide. Dès le lever, c'était le bain ou les ablutions, puis les frictions d'huile; le saupoudrage de poussière terminait les préparatifs immédiats. Si nous admettons facilement les vertus stimulantes du bain matinal et si nous comprenons les propriétés de l'huile non seulement pour assouplir mais pour améliorer le teint d'une peau expo-

Le strigile. *Coupe, Metropolitan Museum of Art, New York.*

Athlètes sous la douche. *Amphore, Musée de Leyde.*

sée au soleil, il y a lieu de se surprendre de l'usage de la poussière. Les jeunes gens ne devaient certes pas en répandre sur toutes les parties du corps, car les frottements auraient gêné leurs exercices. En voulant expliquer cette coutume, un critique contemporain, Jean Amsler, a voulu y voir un geste symbolique qu'il explique comme ceci et je cite: « La nudité reproduit l'état de l'homme à sa naissance; l'huile figure le liquide amniotique où baigne le fœtus; la poussière signifie que la mort présumée a séjourné au sein de la terre, source de toute vie. »

Cette interprétation rituelle reste, à notre avis, partielle et difficile à vérifier; l'utilisation de la poussière, même si les auteurs anciens en parlent peu, dépasse largement une simple imposition des cendres. Un écrivain du IIe siècle de notre ère, Philostrate, rappelle que la poussière contribue à fermer les pores de la peau et empêche la transpiration excessive en maintenant une température constante du corps humain. De plus, il distingue les propriétés que peuvent avoir les poussières plus ou moins argileuses, voire bitumineuses comme le ferait de nos jours un esthéticien. Cette utilisation, à priori surprenante, se comprend mieux en la comparant à l'usage moderne du sac de poudre résineuse que le lanceur de baseball tapote nerveusement ou encore au saupoudrage de talc chez le leveur de poids et chez le gymnaste.

Après avoir protégé sa peau et avant que le soleil ne darde trop, chaque participant se soumettait à un entraînement rigoureux étroitement surveillé. Des exercices variés exigeaient tantôt un effort extrême, tandis que d'autres favorisaient la décontraction musculaire; d'autre part la course reprise sans cesse avec énergie permettait d'améliorer soit l'accélération du départ, soit la longueur de la foulée. On devine sans peine que les instructeurs profitaient de ces longues séances pour étudier le comportement des adversaires en même temps qu'ils vérifiaient la condition physique de leur protégé. Tout laisse croire que des jeux avec ballon augmentaient la rapidité des réflexes et l'élégance du geste. La célèbre mosaïque de Piazza Armerina en Sicile montre deux jeunes filles qui se renvoient le ballon, alors que leurs compagnes s'entraînent à des disciplines précises. Ce document permet d'expliquer les quelques reliefs où l'athlète s'amuse à maintenir une boule quelconque à la manière d'un jongleur.

Dans l'entraînement rien n'était laissé au hasard. L'athlète avait passé sa jeunesse dans les mains d'un entraîneur appelé pédotribe, payé au moins ou à forfait. Il avait ensuite confié son avenir à un spécialiste, le gymnaste.

Chaque discipline athlétique requérait un entraînement spécialisé. Malheureusement tous les manuels écrits dans l'antiquité sur le sujet ont disparu; seuls quelques bribes permettent une reconstitution de certaines phases de cet entraînement.

La préparation du saut se faisait par l'exercice sur place de balancements des haltères avec flexion des genoux; flexion du torse en avant en touchant successivement des mains la pointe des pieds opposés.

La course se préparait par des sautillements sur place, des départs cent fois repris, des sprints interrompus, des courses en cercle, des coups de pied en l'air, mouvements des bras et même des marches en terrain varié.

La lutte et le saut amenaient l'athlète à piocher le sol pour l'ameublir en vue de recevoir moins dûrement les chutes. On fit de cet exercice même une préparation à ces deux disciplines.

La préparation à la boxe était complexe: exercices de bras en vue de bien tenir sa garde; position de garde retenue un long moment. L'usage du *pnnching-bag* était connu. C'était un sac de cuir renfermant du sable qu'on suspendait au plafond du gymnase. Le boxeur le recevait en pleine poitrine en vue de fortifier son équilibre. Ce sac était aussi utile au lutteur.

L'entraînement à la lutte nous est mieux connu. Un papyrus nous fait connaître une leçon d'entraînement. C'est la voie du gymnaste qu'on entend ici prodiguant ses conseils aux deux lutteurs à la fois:

« Présente le torse de côté et fais une prise de tête avec le bras droit.

Toi, ceinture-le.

Toi, saisis-le par en dessous.

Toi, avance et étreins-le.

Toi, saisis-le par en dessous avec le bras droit.

Toi, ceinture-le par là où il t'a saisi par en dessous, avance la jambe gauche contre son flanc.

Toi, éloigne-le avec la main gauche.

Toi, change de place et étreins-le.

Toi, retourne-toi.

Toi, saisis-le par les testicules.

Toi, avance le pied.

Toi, saisis-le à bras-le-corps.

Toi, pèse en avant et courbe-le en arrière.

Toi, porte le corps en avant et redresse-toi; (jette-toi) sur lui et riposte... »

La sélection des athlètes

On ne connaît que peu de choses sur les épreuves à gagner pour que les portes d'Olympie s'ouvrent à un athlète. Le chroniqueur Philostrate rapporte simplement cette formule d'envoi: « En avant, vers Olympie! Pénétrez dans le stade et montrez-vous glorieux vainqueurs. Mais que celui qui n'est pas préparé aille où bon lui semble. » En fait, une série de concours éliminatoires parachevait l'entraînement obligatoire d'un mois à Élis. Il se peut que seuls les quatre premiers de chaque départ aient été retenus. De plus ces compétitions préliminaires permettaient aux juges bientôt responsables à Olympie de « faire leurs classes ». On les appelait Hellanodices, ce qui signifie juges des Grecs. Chaque tribu du territoire d'Élis désignait un candidat; et comme pour les athlètes, dix mois avant le début, tous les élus se réunissaient pour être instruits par un collège de spécialistes de tout ce qui concernait les festivités. De plus, ils devaient assister aux exercices quotidiens afin d'assurer une sélection équitable et un classement rationnel. Ils voyaient également à ce que les concurrents observent tous les règlements en vigueur.

Lors des compétitions à Olympie, c'était eux qui procédaient au tirage au sort pour le choix de l'adversaire, qui décidaient du vainqueur et qui le couronnaient. Le verdict dépendait de trois Hellanodices et la décision était d'autant plus difficile que les coureurs pouvaient évoluer sur toute la largeur du stade ce qui rendait impossible l'utilisation d'un quelconque fil d'arrivée. Tout était laissé au jugement des arbitres. Si l'épreuve était déclarée majoritairement nulle, on procédait à une éliminatoire. Ainsi un nommé Démétrius de Salamine dut recommencer cinq fois avant que son adversaire Optatus ne soit déclaré vainqueur. On imagine le suspense chez les supporteurs. Parfois la décision partagée du jury pouvait être portée en appel devant le sénat olympique et le requérant obtenir une compensation selon le cas. Toutefois l'écrivain Pausanias précise en citant un cas que le nom du vainqueur désigné resta inchangé.

Une organisation aussi complexe exigeait un personnel nombreux et spécialisé que les chroniqueurs de l'époque laissent dans l'ombre, mais que les peintres de vases, au contraire, nous font connaître. Il y avait, entre autres, des surveillants et des musiciens. Les surveillants tenaient en main une longue baguette fourchue, symbole de leur autorité, dont ils pouvaient à volonté frapper les concurrents pris en faute. Les moindres irrégularités, obstructions, faux départs, étaient instantanément signalés. Quant aux joueurs de la double flûte, on les trouve le plus souvent sur les peintures où l'athlète exécute l'une ou l'autre des activités du pentathlon. Nul doute que le jeu en staccato du flûtiste aidait l'athlète à une meilleure synchronisation des mouvements. Par ailleurs, c'était la trompette d'airain qui présidait à toutes les épreuves: elle annonçait l'arrivée des concurrents, remplaçait le pistolet pour le signal du départ et solennisait la proclamation du gagnant.

La Renommée

Vaincre à Olympie, telle était la grande ambition de tous les Grecs, car mériter le titre d'olympionique c'était devenir l'égal d'un héros. Cicéron, écrivain latin, nous apprend que pour les Grecs, cet honneur était l'équivalent du triomphe pour un magistrat romain.

Dès que les festivités des Jeux olympiques étaient terminées, on se hâtait de porter la nouvelle aux cités qui avaient eu la chance de compter un olympionique. D'excellents coureurs parcouraient plusieurs kilomètres pour aller proclamer le nom des vainqueurs et permettre aux cités d'organiser le retour des olympioniques. Vêtu de pourpre, debout sur un somptueux quadrige, l'athlète entrait triomphalement dans sa cité. On faisait même parfois une brèche dans les remparts pour l'accueillir. À l'origine, ce geste voulait signifier que le vainqueur s'identifiait aux dieux et devait pénétrer dans la cité par une entrée spéciale. Plus tard, on expliqua cette coutume en disant qu'avec un tel citoyen, la cité n'avait plus besoin de murailles. Après avoir pénétré à l'intérieur des murs, le cortège se dirigeait vers le temple de la cité où l'on célébrait un sacrifice. Ensuite l'athlète faisait l'offrande de sa couronne à la divinité. Et toute la cité fêtait et festoyait car un de ses enfants l'avait honorée devant la Grèce entière.

Détenir le titre d'olympionique signifiait jouir de nombreux privilèges comme le premier rang dans les assemblées publiques, l'exemption des impôts et parfois même la pension aux frais de la cité. On sait qu'à Athènes, les olympioniques étaient nourris au Prytanée. Solon, législateur athénien, avait décrété de donner 100 drachmes à un vainqueur aux Jeux Isthmiques (jeux qui avaient lieu à Corinthe) et 500 à un olympionique. C'était une somme fabuleuse si on songe qu'un Athénien à cette époque gagnait une drachme par jour. D'autres cités se montraient plus généreuses encore. Selon Dion Chrysostome, écrivain grec du 1er siècle après J.-C., certaines allaient même jusqu'à offrir 5 talents, l'équivalent de 26,2 kilogrammes d'argent. À Sparte, cité guerrière et belliqueuse, l'olympionique avait l'honneur de combattre auprès du roi. De plus dans leur cité respective, les champions olympiques parcouraient les gymnases et les palestres prodiguant leurs conseils et encourageant l'effort physique comme une condition essentielle à la promotion du citoyen dans la cité.

Le vainqueur pouvait aussi immortaliser sa victoire en faisant chanter ses exploits par un des grands poètes lyriques de l'époque: Pindare, Simonide ou Bacchylide. Il avait aussi l'insigne privilège d'ériger sa statue dans l'Altis. Cette statue devait être de taille humaine, car les dimensions colossales étaient réservées aux dieux. Ce point du règlement était attentivement surveillé par les juges et, si un athlète se faisait élever une statue gigantesque, elle était renversée. Se faire représenter plus grand que nature était considéré comme une faute

Le couronnement du vainqueur. *Amphore, British Museum.*

de démesure: l'homme n'ayant pas le droit de s'égaler aux dieux. De plus cette statue ne devait pas être un portrait de l'athlète mais une idéalisation étant donné que sa victoire était un don des dieux. Seul l'athlète qui avait remporté trois victoires pouvait se faire ériger une statue reproduisant ses propres traits. Le vainqueur faisait inscrire sur le socle de la statue son nom et le concours dans lequel il s'était illustré. Plusieurs statues indiquaient aussi le type de compétitions auquel l'olympionique avait participé. Ainsi un gagnant au pentathlon se faisait représenter avec des javelots, des haltères ou un disque; l'hoplite, avec un casque et un bouclier; le vainqueur à l'hippodrome, avec ses chevaux et son char. Le choix des matériaux était laissé au concurrent. Les statues pouvaient être de bronze, de marbre, de pierre ou tout simplement de bois.

La Grèce entière reconnaissait le mérite des vainqueurs à Olympie. Lorsque ceux-ci parcouraient la Grèce, les cités qui les recevaient leur faisaient l'honneur de les nourrir et de les loger au Prytanée. Plus d'un prisonnier de guerre bénéficia d'une liberté sans condition lorsque les généraux reconnaissaient en eux d'anciens olympioniques. On raconte qu'à la bataille navale de Notion en 407, le fils de Diagoras de Rhodes, pancratiaste célèbre, ayant été fait prisonnier par les Athéniens fut libéré sans rançon en tant qu'olympionique. Plus d'un demi-siècle plus tard, après la bataille près d'Issos, Alexandre le Grand rendit la liberté au chef d'une légion thébaine lorsqu'il se rendit compte que celui-ci était un olympionique.

L'anecdote racontée au sujet de Diagoras de Rhodes est peut-être le trait qui fait ressortir da-

La stèle d'Alexandros, gagnant aux grandes Panathénées à Athènes, où il avait reçu une amphore d'huile, gagnant aux Jeux Isthmiques à Corinthe, où il avait participé pour une simple couronne de céleri. Il avait également gagné à Argos un bouclier et à Némée une couronne de pin. *Metropolitan Museum of Arts, Rogers Fund, 1959, New York.*

vantage le culte que la Grèce entière vouait aux olympioniques. Victorieux lors des 79e Jeux olympiques en 364 avant J.-C., il fut célébré par le grand poète Pindare. Il devient le chef d'une longue lignée de champions olympiques. Des fils et des neveux gagnèrent à la boxe et au pancrace. Aux jeux de la 83e olympiade, deux de ses fils sortirent gagnants le même jour. Au moment du couronnement, ceux-ci s'avancèrent dans la foule pour offrir leur couronne à leur père. Ils le portèrent alors, déjà vieux, sur leurs épaules et lui firent faire le tour du stade sous les applaudissements de la foule. Un Spartiate s'approcha du groupe et félicita le digne père en ces termes: « Meurs, Diagoras, car tu n'arriveras jamais au ciel. » Comprenant alors qu'il ne pouvait atteindre plus grande félicité comme mortel, Diagoras fut pris d'une syncope et mourut là dans le stade, au sommet de la gloire!

Les barbares eux-mêmes étaient éblouis par les héros du stade comme le prouve un passage de l'historien Hérodote. Un Perse ayant demandé à des transfuges grecs, après le célèbre combat des Thermopyles, à quoi s'occupaient leurs compatriotes en ce moment, ceux-ci répondirent que les Grecs célébraient les fêtes d'Olympie et qu'ils devaient regarder des concours gymniques et hippiques. Le Perse curieux s'informa du prix proposé pour chaque compétition: « la couronne d'olivier, dirent-ils, que l'on décerne au vainqueur. » C'est alors que le fils du général Artabane s'écria: « Grands dieux, Mardonios, contre quelle sorte d'hommes nous as-tu amenés faire la guerre? Des hommes qui ne combattent ni pour l'or, ni pour l'argent, mais pour l'honneur! »

Les femmes et les Jeux

Les femmes, même comme spectatrices, n'étaient pas admises aux jeux des hommes. La seule femme présente était la prêtresse qui présidait à l'ouverture des compétitions, à l'autel de Déméter, et l'on rapporte qu'elle gardait les yeux fermés tout en chantant des prières en l'honneur de la déesse des moissons.

Si une femme était surprise sur le site olympique aux jours défendus, on devait, sans autre forme de procès, la précipiter du haut d'un rocher abrupt, le mont Typée. D'après Pausanias, cette interdiction, qui ne concernait que les femmes mariées, ne fut enfreinte qu'une seule fois, et encore cette unique fois, la coupable n'encourut aucune sanction.

Il s'agit de Kallipatéra, une veuve de Rhodes, que d'autres auteurs appellent Phérénice et quelques fois Bérénice, fille et sœur de vainqueurs olympiques, qui, après avoir entraîné son fils, l'accompagna elle-même au stade déguisée en entraîneur. À l'annonce de la victoire de son fils, folle de joie, elle oublia son déguisement et sauta sur la piste. Il semble qu'à ce même moment, sa tunique s'accrocha aux barreaux laissant voir son corps de femme. Une autre version, moins spectaculaire celle-là, veut que la mère ne put s'empêcher de crier sa joie devant le succès de son fils, trahissant

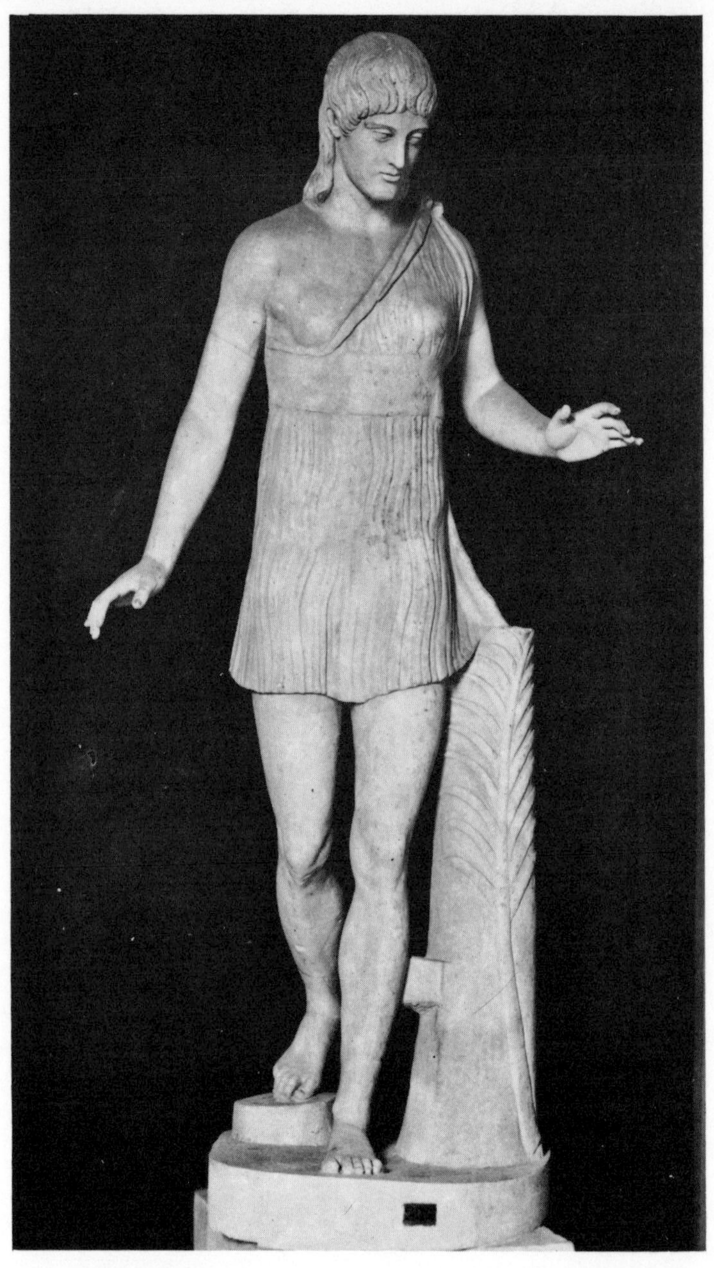

Jeune fille en tenue sport. *Marbre, Musée du Vatican.*

Jeunes filles en bikini. *Mosaïque, Piazza Armerina.*

ainsi son identité féminine. Les juges n'osèrent pas appliquer la loi et pardonnèrent à la coupable, par respect pour la famille de vainqueurs olympiques à laquelle elle appartenait. C'est à partir de ce jour cependant, que les entraîneurs furent tous tenus de se présenter nus sur l'arène.

Toutefois, il est à peu près certain que les jeunes filles n'assistaient pas non plus aux compétitions des hommes, puisqu'elles avaient leurs propres jeux, appelés jeux héréens, célébrés en l'honneur de Héra, l'épouse de Zeus. Ces jeux, organisés par les seize femmes chargées, à chaque olympiade, de tisser un nouveau voile pour la déesse, se déroulaient séparément et à un autre moment que ceux des hommes, ils consistaient en une seule épreuve, la course à pied. À ces courses, classées par catégories, participaient des jeunes filles originaires exclusivement d'Élis. Elles avaient lieu dans le stade, auquel on retranchait environ un sixième du parcours habituel (de 192 m à 162 m), afin, vraisemblablement, de faciliter la tâche aux jeunes athlètes. Celles-ci, cheveux dénoués, portaient une tunique courte qui laissait découverts l'épaule et le sein droit.

La gagnante recevait comme récompense une couronne d'olivier sauvage et une portion de viande provenant d'une vache sacrifiée à la déesse. Elle pouvait également, spécifie Pausanias, se faire élever une statue à son nom. On a retrouvé une copie de marbre d'une de ces statues de bronze qu'avait fait faire un riche Romain, au IIe siècle de notre ère, fasciné qu'il avait été à la vue d'une jeune athlète, à l'allure saine et musclée, laquelle correspond exactement à la description qu'avait faite Pausanias des participantes aux jeux héréens.

Les courses de chevaux étaient toutefois accessibles aux femmes comme aux hommes, puisque dans l'un et l'autre cas, il suffisait d'être propriétaires de chevaux gagnants pour être proclamés vainqueur olympique. C'est ainsi que plusieurs femmes, venant surtout de Macédoine, région renommée pour ses chevaux, obtinrent des prix aux courses de chars.

Même si les femmes ne participaient pas aux Jeux olympiques, on peut affirmer que l'athlétisme en Grèce n'est pas exclusivement l'affaire des hommes et des garçons. Par exemple, à Sparte, on enseignait la gymnastique tant aux filles qu'aux garçons. Entièrement nues, comme l'indique l'origine du mot gymnastique, elles s'exerçaient elles aussi à la course, à la lutte, au lancer du javelot et du disque. Les femmes pratiquaient ces sports, selon Plutarque, afin d'avoir des enfants vigoureux et de se maintenir en pleine forme.

Cette co-éducation sportive était pratiquée également en Ionie, ainsi qu'en témoigne Athénée, qui écrit que « la coutume spartiate d'exposer les jeunes filles nues aux regards des étrangers est très appréciée ici; dans l'île de Chios, il est plaisant de se rendre au gymnase et au stade pour y regarder les garçons luttant nus avec les jeunes filles, nues également ».

Mais petit à petit on prit l'habitude de se couvrir. Ainsi, on a retrouvé en Sicile, dans la maison de campagne d'un riche propriétaire terrien, qui vécut vers le IVe siècle de notre ère, des mosaïques splendides, représentant huit jeunes femmes s'exerçant à des jeux et à des sports divers. Ces jeunes femmes portent un costume pour le moins inatten-

Le public

Les Jeux olympiques étaient très courus et le public y venait nombreux. Jusqu'à 50,000 spectateurs dans les meilleures années.

Le plaisir de se trouver à Olympie est aussi grand pour les uns que le déplaisir de vivre dans le tohu-bohu l'est pour d'autres. Le sévère philosophe stoïcien Epictète décrit à sa façon le spectacle d'Olympie: « Vous y êtes assommés par la force du soleil, dit-il. Vous êtes entassés les uns sur les autres. C'est tout un problème que de prendre un bain. Par temps pluvieux vous êtes trempés jusqu'aux os. Vous vivez dans le bruit et le tapage... On s'entasse. Tout le monde se presse, se pousse, se bouscule. » Pour l'écrivain Lucien, il en va tout autrement: « Il est impossible à quiconque, écrit-il, de décrire en quelques mots l'extraordinaire plaisir que ressent le spectateur qui admire le courage et la rapidité des athlètes, la beauté et la robustesse de leur corps, leur incroyable habileté et agilité, leur force invincible, leur audace, leur patience ainsi que leur insatiable désir de vaincre. On ne saurait s'empêcher de les applaudir! »

On ne peut affirmer avec certitude que l'entrée aux jeux était gratuite. En revanche, ce qui est sûr c'est que les délégations officielles des cités (les théories) ne se présentaient jamais les mains vides.

Elles arrivaient chargées de présents: les uns étaient destinés à être déposés dans le lit du fleuve Alphée, comme un sacrifice lors duquel on détruit une offrande ou comme un acte propitiatoire à l'occasion duquel on formule un souhait (ce sont encore des gestes que l'on pose en lançant une petite pièce dans une fontaine); les autres étaient remis aux administrateurs du sanctuaire qui savaient faire fructifier entre autres les présents en argent.

Le public est très varié. En premier lieu, il faut compter les athlètes eux-mêmes. Plusieurs centaines, originaires d'une cinquantaine de cités, accompagnés d'entraîneurs, de masseurs, de palefreniers ainsi que de leurs parents. Leurs frais de déplacement et de séjour sont pris en charge par leur cité d'origine. En second lieu, il faut souligner la présence des délégations officielles des cités (les théories). Chaque cité participante défraie les coûts de déplacement et d'entretien d'une délégation. Ces théories sont reçues officiellement et se voient attribuer les meilleures places comme spectateurs. Arrive enfin à Olympie cette foule imposante, par les sept routes qui y mènent. De ce public il faut faire nettement deux lots: les spectateurs et les profiteurs.

Cette foule bigarrée qui arrive par la côte en bateau, qui arrive par voie de terre en charrette, à cheval ou même à pied, est composée, du moins dans les débuts, de Grecs d'origine pure. Ces spectateurs ne doivent être ni esclaves, ni sacrilèges. À titre exceptionnel, les étrangers (les barbares en langue grecque) peuvent assister aux concours. Après la bataille de Chéronée, en 338 avant J.-C., les Macédoniens acquirent le droit d'envoyer à Olympie des délégations et des concurrents. À partir de 146 avant J.-C., les Romains se donnèrent le droit d'assister et même de participer aux jeux.

Les marchands itinérants arrivent aussi à Olympie pour les jeux. L'orateur romain Cicéron notait ironiquement que beaucoup de gens s'y rendaient non pas pour chercher la gloire, ni une couronne... mais dans l'espoir d'y faire des affaires. Ces commerçants vendaient des viandes, du poisson, du pain, des gâteaux, des pommes, des poires, des dattes, des noix et autres commestibles, sans oublier le vin. Ils tenaient également boutique pour fournir aux visiteurs les souvenirs appropriés: articles de poteries, de bois, de bronze; toiles de lin, étoffes et même prêts-à-porter. Les souvenirs les plus en demande étaient les images miniatures des dieux et les statuettes à motifs sportifs.

Il fallait loger tout ce monde. Seuls les prêtres d'Olympie avaient un logement permanent sur le site même des jeux: le Théokoleon. C'était un bâtiment sans luxe aux dimensions restreintes. Les athlètes s'installaient de façon très rudimentaire sous la colonnade ouest du gymnase. Ils y étaient à peine à l'abri. En revanche, les personnalités reçues à Olympie étaient agréablement logées dans un vaste hôtel, le Léonidaion. Quant au public, il s'installait dans la plaine. Les uns louaient un coin de baraque improvisée, les autres une tente, d'autres enfin dressaient leur propre tente. Un véritable village temporaire surgissait. Certains particuliers trouvaient moyen d'y étaler leurs richesses, comme ce tyran de Syracuse en Sicile venu y planter orgueilleusement sa tente en drap d'or, en 388 avant J.-C. Mais mal lui en prit, car la foule, soulevée par l'indignation de l'orateur Lysias, déchira la tente trop provocatrice.

Le public était de toute origine, depuis Socrate, qui faisait toujours le chemin à pied à partir d'Athènes, jusqu'à Thémistocle, le vainqueur sur les Perses, qui mérita à son arrivée (en retard d'une journée sur le début des jeux) une ovation inégalée à Olympie. Les philosophes les plus connus sont tous venus assister aux jeux: Socrate, Platon, Aristote, Diogène, Anaxagore, Gorgias, Lysias, Isocrate. Platon y était ovationné à chacune de ses visites, car on reconnaissait dans le philosophe le fameux lanceur de javelot, c'est-à-dire un Grec qui avait su allier la beauté physique à la profondeur du savoir.

Les grands écrivains assistaient également aux jeux: l'historien Hérodote, le poète Pindare, l'historien Thucydide, l'orateur athénien Démosthène à la tête d'une délégation de sa cité. On raconte que c'est à Olympie qu'Hérodote se fit connaître de tous les Grecs en y faisant lecture d'extraits de son histoire de la lutte victorieuse des Grecs contre les Perses. Debout, à l'ombre du temple de Zeus, il donna lecture d'une partie de son œuvre. Les assistants l'ont applaudi et, de retour chez eux, ont fait connaître son nom. On raconte également que le poète Pindare, de même que son contemporain le poète Bacchylide, se promenaient sur le site pour y offrir leur plume à tout gagnant désireux de se faire immortaliser en vers lyriques!

Des peintres venaient exposer leurs œuvres pendant le festival. Ains le peintre Action, venu exposer un tableau représentant le mariage d'Alexandre et de Roxane, se mérita l'attention d'un des juges aux jeux. Il se mérita surtout la fille du même juge qu'il épousa. Des savants y venaient aussi. L'astronome Oenomides y arriva un jour muni de ses tablettes recouvertes de savants calculs.

Certains spectateurs, mus par une fausse estime d'eux-mêmes, étaient entraînés à Olympie par un désir quasi morbide de se faire connaître. Ainsi, l'Antiquité se moquait-elle du peintre Zeuxis qui s'était présenté à Olympie vêtu d'un riche manteau sur lequel il avait fait broder son propre nom en lettres d'or.

À vrai dire, les Jeux olympiques constituaient à tous les quatre ans le plus grand rassemblement pacifique des Grecs. De ce fait, ils étaient un lieu privilégié d'échange et il n'est pas surprenant que tout personnage désireux d'atteindre la célébrité y soit accouru. Plus encore, les jeux ne tardèrent pas à devenir l'une des plus importantes plates-formes politiques de cette Grèce morcelée en cités autonomes. Olympie était le centre panhellénique le plus fréquenté et de ce fait les problèmes communs aux Grecs y étaient plus ou moins directement soulevés. Les champions de l'union de la Grèce contre l'Empire Perse s'y firent entendre. Rappelons que Thémistocle y fut acclamé pendant toute une demi-journée. Gorgias, en 408, y fit un discours dans lequel il demandait l'arrêt des combats fratricides et la reprise de la lutte contre les Perses. En 380, l'orateur athénien, Isocrate, réclama l'ouverture des hostilités contre la monarchie persique qui faisait payer tribut aux cités grecques d'Ionie. De plus, il distribua le texte de son discours sous forme de pamphlet. Ce sont les Jeux olympiques de 324 qu'Alexandre choisit comme lieu privilégié pour y annoncer le retour des 20,000 exilés, comme mesure de pacification à la suite de sa conquête sur la Grèce.

Dans le stade et l'hippodrome c'est l'entassement. Les juges, les Hellanodices, sont protégés des mouvements de la foule par une clôture qui borde leur estrade. Les délégations officielles des cités sont au premier rang. Quant à la masse des spectateurs, elle encombe les talus, à défaut de gradins. C'est d'ailleurs sur ces talus que plusieurs passent la nuit pour s'assurer d'une meilleure place le lendemain. Quant au spectateur averti, il apporte avec lui, au petit matin, son déjeuner et son dîner pour ne pas perdre sa place et ne rien manquer des ébats athlétiques.

La chaleur, à cette époque de l'année, est suffocante, mais le port du chapeau est interdit pour ne pas boucher la vue à ses voisins. Pour étancher leur soif, les spectateurs se lèvent, s'avancent jusqu'à la rigole qui court tout autour du stade où ils trouvent une eau tiédie au soleil. Quand il pleut, les spectateurs sont trempés jusqu'aux os.

Cet entassement, ces bousculades, ces privations, chacun les endure sans peine, les yeux rivés sur le spectacle. Depuis le matin jusqu'à la tombée de la nuit, chacun observe les départs, les courses, les arrivées, les lancers, les sauts, les chutes aussi... La trompette retentit. Le silence se fait. On annonce le nom des participants. Le départ se donne. La frénésie s'empare de la foule. On applaudit, on encourage de la voix, on lève les mains, en signe de victoire, on se dresse pour crier le nom du gagnant. C'est l'ovation. À moins que ce ne soit un grand dépit d'avoir vu un compatriote finir bon dernier.

Le festival sportif

À l'origine, c'est-à-dire depuis 776 avant J.-C., le festival olympique ne durait qu'une seule journée. Il était alors composé des cérémonies en l'honneur de Zeus et de la course du stade. Il en fut ainsi jusqu'aux quatorzièmes Jeux en 724 avant J.-C., alors qu'on ajouta le diaulos ou course de deux longueurs de stade.

On connaît, à l'année près, l'introduction ou la suspension des épreuves olympiques depuis 776 avant J.-C. jusqu'à l'introduction de la dernière épreuve, le pancrace pour garçons, en 200 avant J.-C. Un tableau résume ci-dessous ce développement historique que nous a rapporté le grand voyageur de l'antiquité, Pausanias.

OLYMPIADE	ANNÉE	COMPÉTITION
1	776	La course: le stade
14	724	Le diaulos: double stade
15	720	Le dolichos: 24 stades
18	708	Le pentathlon et la lutte
23	688	La boxe
25	680	Les courses de quadriges
33	648	Le pancrace et les courses de chevaux montés
37	632	La course et la lutte (catégorie junior)
38	628	Le pentathlon (catégorie junior) Epreuve aussitôt discontinuée
41	616	La boxe (catégorie junior)
65	520	La course d'hoplites
70	500	Les courses de biges (réservées aux mules)
71	496	Les courses de juments
84	444	Les courses de biges (les mules) et de juments sont abandonnées
93	408	Les courses de biges (chevaux de deux ans)
96	397	Les compétitions de hérauts et de trompettistes
99	384	Les courses de quadriges réservées aux poulains
128	268	Les courses de biges réservées aux poulains
131	256	Les courses de poulains montés
145	200	Le pancrace (catégorie junior)

Le start de départ dans le stade d'Olympie.

En revanche, il est pratiquement impossible de connaître avec certitude l'agencement des épreuves à l'intérieur du festival. On sait que les jeux passèrent successivement d'un jour, à deux, à trois, puis à cinq pour atteindre le nombre maximum de sept jours. Cette évolution est due à l'ajout de nouvelles disciplines, mais nous ne savons pas avec précision les dates effectives de ces transformations. Il semble néanmoins qu'au Ve siècle les jeux prenaient déjà place sur sept jours. C'est du moins ce que la découverte d'un papyrus nous laisserait croire. À la suite de la lecture de ce document ancien, qui énumère onze disciplines, on peut répartir les épreuves comme suit:

Premier jour: les cérémonies en l'honneur de Zeus.

Deuxième jour: les courses à pied (épreuves éliminatoires).

Troisième jour: le pentathle (le disque, le saut, le javelot, la course et la lutte).

Quatrième jour: la lutte, le pugilat, le pancrace.

Cinquième jour: les finales des courses à pied.

Sixième jour: les courses de chevaux.

Septième jour: les cérémonies de clôture.

Ces données sont relatives, car nous savons que les juges étaient libres de changer d'une olympiade à l'autre l'ordre des épreuves à la lumière de l'expérience. Ainsi, lors des 77e Jeux (472 avant J.-C.), ils constatèrent l'impossibilité de tenir dans la même journée les courses de chevaux, le pentathlon et le pancrace puis de procéder au sacrifice en l'honneur de Pelops; les pancratiastes n'avaient été appelés à concourir qu'à la tombée de la nuit. Ils décidèrent donc qu'aux Jeux suivants le concours de pancrace se tiendrait à un autre moment.

Dans leur phase finale, les Jeux comportaient dix-neuf disciplines. Ce décompte est quelque peu déconcertant. On croyait plutôt en reconnaître vingt-deux. On doit alors expliquer que les Grecs comptaient le pentathlon, formé de cinq disciplines, pour une seule. Ainsi, le saut en longueur et les lancers n'avaient-ils pas d'existence autonome. Seules le course du stade et la lutte constituaient, en dehors du pentathle, des disciplines spécifiques.

Les courses

Les premiers Jeux olympiques ne comportaient que la seule épreuve de la course. L'athlète parcourait la longueur du stade (c'est-à-dire un stade ou 192,25 m) en direction de l'autel de Zeus. Le vainqueur recevait de la main d'un prêtre un flambeau, s'approchait de l'autel et y allumait la flamme du sacrifice. C'était là sa vraie récompense. On le couronnait d'une branche d'olivier et les Jeux olympiques suivants portaient son nom. On connaît d'ailleurs le nom du premier vainqueur à Olympie, du premier olympionique: il s'appelait Coreobos et était originaire d'Élis.

La course du stade demeura toujours l'événement principal de la compétition olympique à cause de sa signification religieuse. Plus tard s'ajoutèrent successivement la course du double stade ou diaulos, la course de 24 stades ou dolichos, la course d'hoplites et la course catégorie junior.

Nous savons, par Pausanias, que les épreuves de la course se déroulaient dans l'ordre suivant: le stade, le dolichos, le diaulos. Le second jour, c'est-à-dire le premier des épreuves, avaient lieu les éliminatoires. La compétition commençait à bonne heure. Au lever du soleil, s'il faut en croire les auteurs anciens.

La trompette retentit. Les athlètes se présentent tous devant l'estrade des juges. On constitue, par voie de tirage au sort, des séries de quatre opposants. Le coureur apprend s'il concourra dans la première course ou dans une course subséquente.

Nouveau claironnement. L'annonceur officiel, ou héraut, proclame le nom de chaque concurrent de la première série et indique sa cité d'origine. Les athlètes se dirigent vers la borne de départ.

Les seuils de départ (il en existe deux, l'un à chaque extrémité du stade) sont de longues plaques de pierres entaillées de deux cales. Chaque concurrent dispose, comme aujourd'hui, d'un couloir de 1,25 m indiqué sur le seuil de départ par un poteau de bois.

Derniers exercices de réchauffement. Course sur place, accroupissement, extensions latérales des bras, départs sur les marques et course interrompue. La trompette retentit à nouveau. Le silence se fait plus lourd dans l'assistance. Les concurrents s'alignent sur la borne de départ. Les coureurs se placent les pieds à 15 cm de distance sur la partie arrière de la borne, s'accrochent les orteils sur le rebord des cales. Debout, les bras tendus, déplaçant leur centre de gravité le plus possible vers l'avant, ils attendent le signal. Il semble généralement que l'athlète prenne le départ debout. Toutefois, quelques peintures de vases indiquent que le départ pouvait également se prendre une main appuyée sur le sol. Les Grecs auraient donc connu également le

À la course, le départ se prend généralement debout. L'arbitre tient en main son bâton fourchu. *Coupe, Courtoisie du Museum of Fine Arts, Boston.*

départ accroupi qui permet une détente brusque des jambes dans le sens de la course.

L'un des juges se tient à l'arrière des coureurs. Il a en main une longue tige de bois dont il peut fustiger le concurrent un peu trop pressé de quitter la borne de départ. À l'extrémité opposée se trouve le juge d'arrivée ou le juge de la borne. Pour le premier, il lui faut reconnaître, à l'œil, le gagnant qu'il désigne aussitôt; le second, dans la course du dolichos et du diaulos, s'assure que chaque coureur a bien contourné la borne.

La course du stade

Le stade est un sprint. Le départ se prend à l'extrémité est et se court en direction du sanctuaire. La distance à parcourir est de 192,25 m. L'athlète fait grand usage de ses bras pour augmenter sa vitesse. Main ouverte, il balance les bras très haut, jusqu'à la hauteur de l'épaule, et en avant de la poitrine. Les instructeurs recommandent aux athlètes de lever haut le genou et de garder le corps tendu. Ils recommandent aussi de courir sur la demipointe des pieds de telle sorte que le talon effleure à peine le sol.

Certes, les Anciens ne nous ont pas conservé de records enregistrés en temps. Ils n'avaient pas d'instrument de mesure adéquat. Cependant, ils gardaient en mémoire le nom des gagnants du stade en donnant leur nom aux Jeux suivants. De plus, ils vantaient les mérites des gagnants à plus d'une épreuve. Politès était célèbre dans l'antiquité pour avoir remporté lors des mêmes jeux la triple victoire à la course: le stade, le dolichos et le diaulos. Léonidas, originaire de l'île de Rhodes, était considéré

Le sprint. *Amphore, Metropolitan Museum of Art, Rogers Fund, 1914, New York.*

comme le plus remarquable coureur de l'Antiquité après avoir remporté douze victoires en quatre concours. Certains athlètes gardaient, il semble, leur forme d'un festival à l'autre!

Le *Dolichos*

Après les épreuves éliminatoires du stade, se déroulent celles du dolichos. C'est une course de fond de quelques 4614 m. Le coureur doit parcourir 24 longueurs de stade. Le départ se donne sur la ligne d'arrivée et se prend debout. Rappelons ici que cette ligne est constituée elle aussi d'un seuil de départ. Le coureur dispose de deux couloirs pour faire sa course: l'un pour l'aller, l'autre pour le retour. À chaque extrémité il contourne le poteau de division des couloirs.

On demande au coureur de dolichos qu'il soit bien pris, plutôt grand et lourd en vue d'associer la vitesse à la résistance. Il court tête haute, buste bombé, balançant les bras aux poings fermés collés au corps à la hauteur de la ceinture. La foulée est longue. Les orteils pointent à l'avant et le pied se pose au sol plus à plat que dans la course du stade. Pendant le sprint final il court comme un coureur de stade.

La difficulté majeure à cette course réside dans le contournement de la borne. L'athlète doit vraisemblablement toucher à la borne, mais sans prendre appui sur elle. Un juge se tient assis près d'elle pour évaluer le geste du coureur. Il va sans dire que ce mouvement d'aller-retour interrompt le rythme de la foulée et engendre quelquefois du retard... un peu comme à la natation dans nos piscines modernes.

L'Antiquité nous a retenu le nom des deux plus célèbres coureurs de dolichos. L'un d'eux était Ageus d'Argos qui gagna lors des 113e Jeux et dans la même foulée courut cent kilomètres jusqu'à chez lui pour annoncer personnellement aux siens, la même journée, sa victoire. Drymos porta également, depuis Olympie jusqu'à Épidaure, la nouvelle de sa victoire. Il parcourut la distance de cent trente kilomètres dans la même journée qui avait vu sa réussite à Olympie. La légende ajoute qu'il courait aussi vite que le vol du corbeau!

Le diaulos

Le diaulos avait lieu après le stade et le dolichos. C'était une course de deux stades ou 384,50 m. Les coureurs qui avaient participé aux épreuves précédentes pouvaient s'aligner à cette course. Comme dans la course du dolichos, l'athlète disposait de deux couloirs et il devait contourner la borne sise à l'extrémité opposée. Le départ se prenait également sur la ligne d'arrivée de telle sorte que la fin de la course se faisait en direction de l'autel de Zeus. À cette course, il semble qu'on utilisait la technique du sprint.

La course en armes

La course en armes, qui fut introduite à l'occasion des 65e Jeux, en 520, est aussi appelée course d'hoplites (tel est le nom donné aux soldats dans l'armée grecque). Cette course provient de l'exercice militaire et on sait avec quel succès l'armée l'utilisait pour se déplacer ou pour attaquer. À Marathon, par exemple, les hoplites athéniens, en nombre restreint, fondirent, en une course soutenue et irrésistible, contre l'immense armée perse,

Une course de demi-fond, le diaulos: les concurrents ont contourné la borne. *Stamnos, Wagner-Museum, Würzburg.*

Une course de fond: le dolichos. *Amphore, British Museum.*

Course de relais au flambeau, à Athènes.
Oenochoé, Musée du Louvre.

Départ d'hoplite. *Coupe, Musée de Leyde.*

effrayée et ignorant la course en armes, l'engloutissant comme une avalanche. Est-il besoin de rappeler que c'est pour annoncer cette victoire que le célèbre « coureur de Marathon », Phidippides, parcourut la distance de 40,2 km entre Marathon et Athènes!

La course d'hoplites était un diaulos, c'est-à-dire un double stade ou un 384,50 m. Le départ se prenait debout ou accroupi. L'hoplite portait le casque, les jambières et le bouclier. Il était donc alourdi de quelques dix bons kilos. Avec les années, les règlements d'Olympie allégèrent les conditions de cette course et on ne courra plus qu'avec le casque et le bouclier.

La course de relais

L'Antiquité a aussi connu la course de relais. Cependant, ce sport n'était pas en lice à Olympie. De telles courses étaient pratiquées lors des grandes Panathénées à Athènes. Les coureurs prenaient position à intervalles réguliers et se relayaient dans le transport de torches allumées. On couronnait l'équipe victorieuse, c'est-à-dire pas moins de quinze coureurs, et on leur attribuait une certaine quantité d'huile d'olive.

La course de haies

La civilisation grecque puis la civilisation romaine ont connu et pratiqué la course de haies. Nous ne savons toutefois pas en quelles circonstances cette course était pratiquée. Seules les peintures de vases ou de sarcophages témoignent de son existence. Il nous manque sur cette course bien des éléments de connaissance; ainsi nous ne savons pas sur quelle distance elle se pratiquait, pas plus que nous ne connaissons le nombre d'obstacles qu'il fallait franchir. À la limite nous ne savons pas s'il s'agissait d'un simple exercice préparatoire voire d'un seul jeu d'enfant!

Le pentathlon

Le pentathlon était considéré comme une discipline unique même s'il comportait cinq épreuves. Ce concours fut introduit lors des 18e Jeux olympiques de l'an 708 avant notre ère. Il se composait du lancement du disque, du saut en longueur, du lancement du javelot, de la course du stade et de la lutte. Le pantathlon se déroulait en une demi-journée, dans le stade. Nous ne sommes sûrs ni de l'ordonnance du concours ni de ses règlements. Toutefois nous retenons ici l'ordre des disciplines qui est le moins discuté: disque, saut, javelot, course et lutte. Quant aux règlements, ce qui est sûr c'est qu'on complétait les épreuves l'une après l'autre et non concurremment et que la lutte venait la dernière. Il semble même que le concours s'arrêtait dès que l'un des participants atteignait trois victoires. L'épreuve de la lutte se déroulait, selon le besoin, comme la finale entre les deux athlètes qui avaient acquis le plus de victoires aux précédents exercices. Le lancement du disque, le saut en longueur et le lancement du javelot ne faisaient partie d'aucun autre concours en dehors du pentathlon contrairement à la course et à la lutte qui constituaient par ailleurs des épreuves spécifiques.

Le grand philosophe Aristote considérait les pentathles comme les plus beaux des athlètes à se produire à Olympie du fait qu'ils étaient souples et à la fois bien bâtis. Les artistes grecs étaient vraisemblablement du même avis, car ils prenaient vo-

Les épreuves du pentathlon: la lutte, le saut, le lancement du disque, la course et le lancement du javelot. *Lécythe, courtoisie du Royal Ontario Museum, Toronto.*

Le lancement du disque. Début du balancement. *Lécythe, courtoisie du Royal Ontario Museum, Toronto.*

lontiers ces athlètes comme modèles, particulièrement les lanceurs de javelot et les lanceurs de disque.

Philostrate, qui faisait autorité dans le monde de l'athlétisme dans l'Antiquité, décrivait ainsi les qualités physiques requises du pentathle: « L'athlète idéal est grand, mince, bien proportionné, de poids moyen. Sa musculature est bien développée mais non soufflée. Ses jambes sont longues, au risque de manquer d'élégance. La musculature dorsale doit être souple et flexible, ce qui lui facilitera le travail lors du lancement du javelot et du disque, voire dans le saut en longueur. Il doit avoir les mains longues et les doigts effilés; il en tirera bénéfice au lancement du disque et du javelot. »

Nous décrirons ici les diverses disciplines comprises dans le pentathlon à l'exception de la course du stade déjà décrite plus haut.

Le lancement du disque

Le lancement du disque était pratiqué par les Grecs bien avant son introduction comme discipline à Olympie. Le poète Homère décrivait déjà, au VIIIe siècle, la technique utilisée par Ulysse à une époque où le disque était en pierre. « Sans se dépouiller de son manteau, chante le poète, il se précipite de son siège, saisit une pierre deux fois plus grande et plus lourde que le disque lancé par les Phéaciens et, la tournant en l'air avec rapidité, il la jette d'un bras vigoureux: la pierre roule et tombe au loin avec un bruit grondant et terrible... Sortie avec impétuosité de la main d'Ulysse, la pierre a devancé d'un long espace toutes les marques des jets de ses rivaux. »

Dans les compétitions olympiques, le disque était un objet plat fait de bronze. Les athlètes pratiquaient avec leurs propres disques; mais quand arrivait l'épreuve du pentathlon, ils devaient utiliser, pour leurs trois essais, les trois disques réglementaires précieusement conservés d'une olympiade à l'autre dans l'une des chambres du trésor des Sicyoniens.

Les disques que l'archéologie nous fait connaître sont d'un poids et d'une taille très variables: leur diamètre varie de 17 à 30 cm et leur poids de 1,35 kg à 4,75 kg.

Le lanceur, à l'appel de la trompette, se dirige vers la borne de départ du stade. Après quelques exercices de réchauffement, assez similaires au demeurant à ceux d'un lanceur de baseball, il prend le disque de la main gauche en le laissant reposer sur son épaule. Le lanceur dispose d'un espace relativement restreint pour prendre son élan qui doit se terminer avec la borne de départ du stade. Il fait passer son disque de la main gauche dans la main droite, ne le retenant que du bout des doigts. Il se tient debout face au stade. Il garde les pieds distants l'un de l'autre. Par un balancement du disque, il le porte de l'arrière en bas vers l'avant en haut jusqu'à ce qu'il rejoigne la main gauche. Il fait replonger le disque vers le bas à pleine extension. Puis, par un arraché des jambes et un brusque redressement, le propulse vers l'avant en le guidant de son bras et de sa main. Il termine enfin son mouvement par un pas ou deux qu'il s'était laissé comme distance entre son lieu d'élan et la borne de départ. Tout comme de nos jours, il a droit à trois lancers.

Voici comment le rhéteur romain Philostrate décrit un tableau sur lequel un artiste de l'Antiquité avait peint un lanceur de disque: « C'est un tremplin de terre battue, suffisant pour un homme debout. La partie postérieure du corps repose sur la jambe droite et fait saillir en avant le torse et le buste; l'autre jambe s'élève, car elle doit se détendre en même temps que le bras droit et accompagner son geste. Celui qui tient le disque baisse la tête vers la droite; il doit la tourner assez pour apercevoir son flanc et accomplir le jet comme s'il puisait sa force dans le sol et prenait appui sur toute la partie droite du corps. »

Tout jet, pour être valable, doit tomber dans un secteur donné; le lancement du disque constituant non seulement une épreuve de force, mais aussi une épreuve de précision. L'athlète qui dépasse la borne à la suite de son élan est automatiquement disqualifié. Le jet est mesuré à partir de l'empreinte la plus rapprochée faite par la chute du disque et il semble que ce soit le lanceur lui-même qui fasse le marquage à l'aide d'un piquet ou d'une crampe métallique.

Le lancement du disque était un sport très prisé des Grecs. Il avait la réputation d'être un exercice gracieux et celle de modeler le mieux le corps humain. On sait, au demeurant, qu'il développait le muscle qu'on convient d'appeler « le muscle grec », le muscle inguinal. Le plus célèbre lanceur de l'Antiquité s'appelait Phayllus. Il était le recordman olympique avec un lancer de 30,44 m.

Le saut en longueur avec élan

Par son élégance, le saut en longueur avec élan suggérait les mouvements de la danse et était

Saut en longueur. Le concurrent prend son élan et s'approche de la borne. *Coupe, courtoisie du Museum of Fine Arts, Boston.*

L'appel se prend ici sur le pied gauche. Les haltères sont projetés dans la direction du saut. *Shyphos, Courtoisie du Museum of Fine Arts, Boston.*

La suspension. Les bras et les jambes sont parallèles au sol.
Coupe, Courtoisie du Museum of Fine Arts, Boston.

La fin du premier saut. *Lécythe, Metropolitan Museum of Arts, Rogers Fund, 1908, New York.*

accompagné de la double flûte. Lors des 29e Jeux en 664, Chionis de Sparte enregistra un saut de 16,66 m. Ce record n'a pas été dépassé ni à Olympie ni dans les autres Jeux grecs. Seul Phayllus de Crotone s'est approché de cette marque en réalisant un saut de 16,28 m aux jeux de Delphes.

Le sauteur s'aidait d'haltères. Dans chacune de ses mains il tenait un objet de pierre ou de métal modelé de diverses façons et d'un poids à sa propre convenance. Ces haltères pouvaient peser jusqu'à 2,5 kg. C'éatient des objets personnels à l'athlète. Quant à leur forme, elle a évidemment varié pour s'adapter aux exigences individuelles. Les uns étaient percés d'un trou qui assurait une bonne prise, les autres ressemblaient à des haltères d'exercice, d'autres encore avaient la forme d'un court cimeterre dont le poids était déplacé sur l'avant.

On peut recréer les phases du saut en longueur avec élan. Un sprint amène l'athlète jusqu'à la borne de départ du stade qui lui sert de planche d'appel. Pendant cette course, il balance les bras comme au sprint. L'appel se prend d'un seul pied. Le sauteur projette ses bras et ses haltères vers l'avant en haut. Pendant la suspension, les haltères et la pointe des pieds se rejoignent presque. Les jambes se replient et les haltères sont renvoyés à l'arrière pour la première chute. Le sauteur est déjà en position pour une détente brusque des jambes et une projection en avant des bras. Cinq sauts sont ainsi exécutés à la suite. On mesure à partir de la dernière marque laissée par les talons et l'athlète a droit à trois essais.

Le saut sans élan

Les Grecs ont aussi connu le saut en longueur sans élan, mais cette discipline n'était pas pratiquée à Olympie. Pour ce genre de saut, l'athlète se tient pieds joints sur la borne de départ. Après un balancement des bras et des haltères d'avant à l'arrière accompagné d'une flexion des genoux, le sauteur se propulse vers l'avant grâce à une brusque détente des jambes et à la projection des bras. Lors de la suspension, les jambes et les bras sont parallèles au sol. Le contact avec le sol s'effectue sur les talons et l'athlète a pris soin de ramener à l'arrière ses haltères en vue de gagner une distance supplémentaire.

Le saut à la perche

Les athlètes de l'Antiquité ont pratiqué, dans certains festivals sportifs ailleurs qu'à Olympie, une forme de saut à la perche associé à une compétition équestre. Nous sommes mal renseignés sur cette discipline, mais on peut comprendre que le jeu consistait en une forme de course. Ainsi, grâce à une perche, le cavalier montait son cheval déjà en mouvement puis tentait de gagner la course de cheval monté.

Le lancement du javelot

Le javelot utilisé dans les compétitions sportives était plus léger et plus court que celui du soldat. Il était fabriqué cependant de la même façon: une longue tige de bois, généralement du frêne, terminée par une pointe de métal. Le javelot mesurait environ deux mètres et avait quelque trois centimètres d'épaisseur.

Lancement du javelot. L'athlète mesure ses pas avant de prendre son élan.
Coupe, Ashmolean Museum.

Lancement du javelot. Le début de l'élan. *Lécythe, Courtoisie du Royal Ontario Museum, Toronto.*

Une particularité dans le lancement du javelot chez les Grecs: l'usage d'une courroie. Le lanceur enroulait en effet, au centre de gravité du javelot, une courroie d'une trentaine de centimètres au bout de laquelle il se ménageait une boucle. Il déposait le javelot dans le creux de sa main en passant l'index et le majeur dans la bouche. Pour empêcher le déroulement de la courroie, il appuyait de sa main libre sur la pointe du javelot afin de garder la tension à l'enroulement. L'usage de la courroie avait un double avantage. La boucle d'une part assurait une excellente préhension du javelot et lui transférait la force de l'élan. D'autre part le déroulement de la courroie, au début de l'envol, imprimait à l'instrument un mouvement de rotation propre à assurer la stabilité de sa trajectoire. On sait également, par des témoignages écrits, que la plupart des lanceurs préféraient empoigner le javelot un peu en deçà du centre de gravité sous prétexte que cette technique leur permettait de donner une meilleure impulsion au projectile.

On peut reconstituer les différentes phases du lancement du javelot à partir des textes d'auteurs anciens et à partir des peintures de vases. Décrivons en premier l'élan. Le lanceur tient en main son javelot. Il se présente à la borne de départ du stade, mesure ses pas, se donne des repères. Il se ménage quelques mètres entre son point de départ et la borne pour l'élan. Il fait maintenant face au stade. Tenant dans la main droite le javelot il le lève un peu plus haut que sa tête, parallèle au sol. C'est l'élan par une course de plus en plus rapide. Le lanceur commence à baisser le bras vers l'arrière sans saccade. Par un jeu de pieds, il se place en position perpendiculaire par rapport à la borne et pointe la main gauche en direction du jet. Laissons Xénophon, dans son *Traité d'équitation,* nous décrire la phase finale du lancement: « Porter en avant toute la partie gauche du corps et ramener la partie droite en arrière, ensuite, d'une brusque détente des cuisses, lancer le javelot, la pointe légèrement tournée en l'air. De cette façon le coup a plus de force, porte plus loin et même atteint plus aisément le but, à condition qu'on ait pris soin de maintenir constamment son javelot dans la bonne direction. »

Le lanceur ne doit pas dépasser la borne de départ à la fin de son lancer, car c'est depuis ce seuil de démarcation que se prend la mesure. En outre, il est établi que le lancer, pour être valable, doit porter le javelot à l'intérieur d'un périmètre délimité, car le lancement du javelot constitue, à l'égal du lancement du disque, une épreuve d'habileté. Enfin, nous savons que le lanceur a droit, ici encore, à trois essais.

On raconte qu'à l'occasion des 82e Jeux olympiques, Eumines de Corinthe avait réussi un jet bien supérieur à ceux de ses concurrents et contestait la décision des juges d'annuler son lancer. Il demanda un conciliabule. Les juges se réunirent et, unanimement, maintinrent leur décision, alléguant la façon disgracieuse dont Eumines avait terminé son jet puisqu'il avait perdu l'équilibre et avait chuté.

On voit à cet exemple que la performance n'était pas le seul critère de succès à Olympie. L'élégance gardait ses droits.

Les Grecs pratiquaient aussi, ailleurs qu'à Olympie, une variante de cet exercice: le lancement du javelot sur cible. La position de départ était alors fixe, un genou à terre. Quant à la cible, c'était un objet placé sur le haut d'un fût de colonne. On comptait le nombre de touches.

La lutte

Dans le concours du pentathlon, la lutte venait comme dernière épreuve à la seule condition qu'il n'y eût pas déjà un vainqueur proclamé. Par ailleurs, un concours de lutte était au programme des Jeux, à un autre moment, auquel pouvait s'inscrire tout athlète préalablement sélectionné.

Les deux pentathles lutteurs étaient des athlètes légers qui dépendaient plus de leur habileté et de leur souplesse que les lutteurs eux-mêmes, reconnus pour leur poids et leur force. À part ces nuances, il faut croire que le déroulement de la compétition était le même pour les deux catégories d'athlètes.

Toutefois, au moment du concours de la lutte, il fallait désigner à chacun un opposant. On le faisait par tirage au sort. On connaît encore ce mode de tirage au sort dans un tournoi. Ainsi, lorsque le nombre de concurrents est impair, l'un d'eux se voit exempté du premier tour. Laissons à Lucien, l'un des plus importants écrivains sportifs de la littérature antique, nous expliquer le déroulement du tirage au sort à Olympie: « On apporte, écrit-il, une urne d'argent consacrée à Zeus: on y jette des jetons de la grosseur d'une fève sur lesquels sont marquées des lettres. Sur les deux premiers un A, sur les deux suivants un B, sur les deux autres un G et ainsi de suite, si le nombre d'inscrits n'est pas épuisé. Il y a toujours deux jetons portant la même lettre.

« Chacun des concurrents s'avance et, après avoir adressé une prière à Zeus, plonge la main dans l'urne; aussitôt un policier, qui se tenait auprès de lui, lui maintient la main fermée et l'empêche de lire la lettre qu'il a tirée.

« Lorsque tous les athlètes ont tiré au sort, le maître de cérémonie, je crois, ou l'un des juges (je ne me rappelle plus exactement) se lève et, faisant le tour des concurrents rangés en cercle, prend connaissance de la lettre tirée par chacun d'eux et désigne celui qui a tiré l'A, pour se mesurer à la lutte ou au pancrace contre celui qui a tiré l'autre A; de même pour les deux athlètes qui ont tiré le B et pour tous ceux qui ont tiré la même lettre.

« Voilà comment les choses se pratiquent quand les combattants sont en nombre pair, tel que huit, quatre ou douze; mais s'ils sont en nombre impair, cinq, sept ou neuf, on jette dans l'urne un jeton dont la lettre est unique, et l'athlète auquel il échoit s'assied en attendant que les autres aient combattu, parce qu'aucune lettre ne correspondait à la sienne.

« Et c'est pour cet athlète un avantage considérable de pouvoir aborder le combat frais et reposé contre des antagonistes déjà fatigués. »

Ce que nous savons de la lutte nous vient surtout de l'étude des peintures de vases, des sculptures et des bas-reliefs. C'était la lutte à main plate qui se déroulait debout. L'enjeu consistait à renverser trois fois l'adversaire de telle sorte que le bassin ou les épaules touchent à terre.

Avant de s'affronter, les lutteurs ameublissent le sol à l'aide d'un pic pour amortir les chocs, à

La lutte. Une clef de bras. *Psyktère, Museo di antichita, Turin.*

La lutte. Un collier de force accompagné d'un soulèvement. *Coupe, British Museum.*

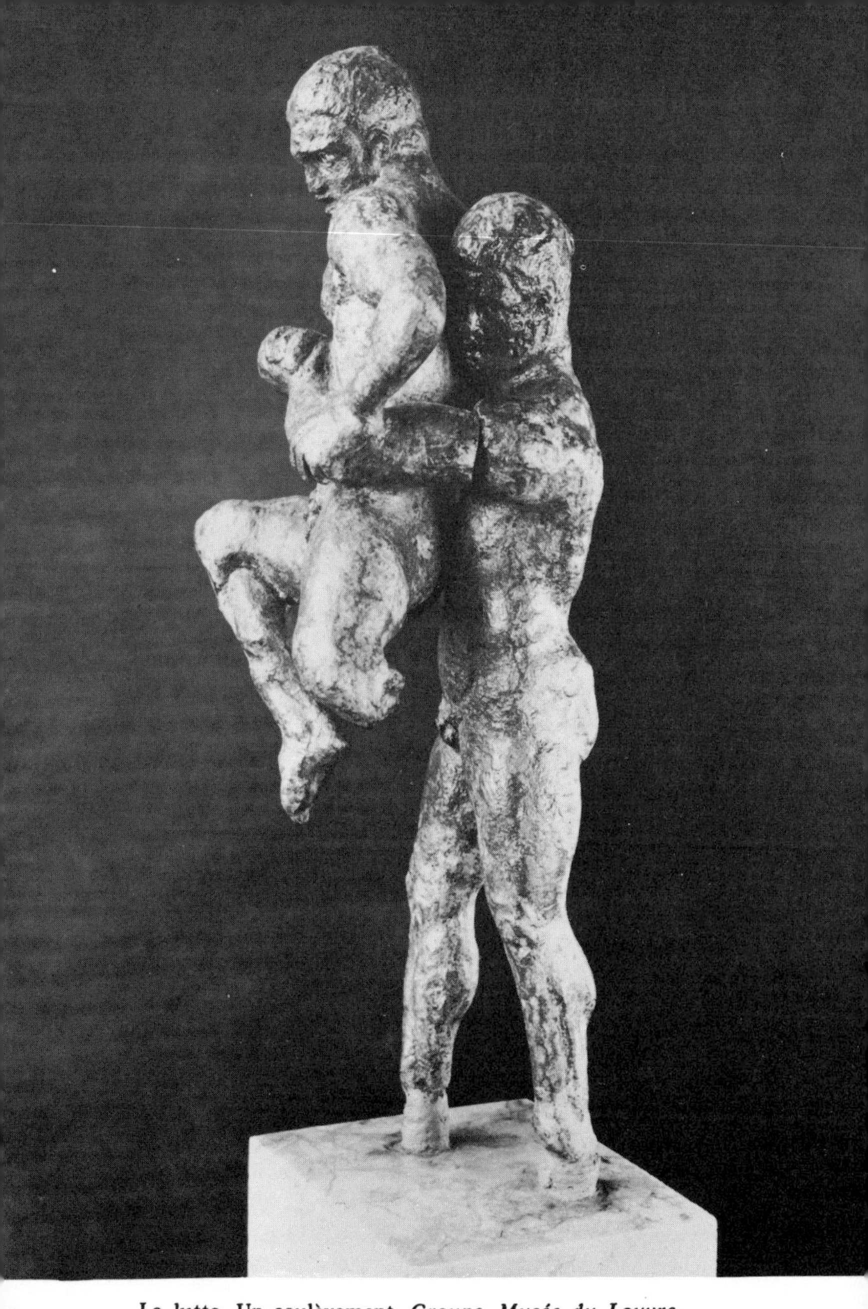

La lutte. Un soulèvement. *Groupe, Musée du Louvre.*

défaut de tapis. Ils se coiffent d'un casque de peau de chien pour se protéger les cheveux de la poussière.

Les concurrents se mesurent, s'étudient, tentent de voir les faiblesses de leur rival, font quelques tentatives d'approche. Le combat s'engage enfin. Aucun coup ne peut être porté. Aucune prise plus bas que les hanches n'est tolérée par le juge.

L'un des lutteurs a saisi à deux mains le bras gauche de son opposant. Celui-ci, de son bras droit prend appui sur l'épaule gauche de son rival. Trop tard. Un pas à l'arrière, un ciseau de côté, un balancement du bras sur la gauche et c'est le renversement.

Les athlètes sont sur pieds. Ils se font face, courbés l'un sur l'autre en position pyramidale. L'un d'eux saisit le bras droit de l'autre, se retourne vivement, passe sous son adversaire, met un genou par terre et projette son concurrent pardessus son épaule droite.

On se fait face à nouveau. À peine se sont-ils touché les mains que l'un des deux est passé, rapide comme l'éclair, derrière son concurrent, le saisit, bras inversé, par la taille, le soulève en le retournant et lui laisse toucher les épaules au sol.

Les prises sont innombrables: prise de cou, prises de corps, prises de main, soulèvement, projection. Une prise célèbre de l'Antiquité portait le nom de son supposé inventeur, Héraclès. C'était un soulèvement accompagné d'une projection. On commençait par une prise de corps, face à face. Les bras de l'adversaire se refermaient sur son opposant au niveau des fesses. Il le soulevait de terre et, avant que l'opposant eut le temps de s'agripper à son cou, par un crochet du pied, le mettait en déséquilibre. Il lâchait aussitôt prise et le poussait dans sa chute.

La lutte à main plate était un combat raffiné, exécuté avec grâce, style et adresse. Les concurrents fournissaient un spectacle aussi esthétique et rythmique qu'une démonstration de gymnastique ou d'acrobatie.

Le plus célèbre des lutteurs de l'Antiquité fut Milon de Crotone. Il avait commencé sa carrière olympique en gagnant la compétition junior, puis il remporta la couronne dans la catégorie des hommes cinq fois d'affilée à partir des 62e Jeux en 532 avant J.-C. Il remporta aussi la victoire à divers jeux panhelléniques. Il compta six victoires à Delphes, dix à Corinthe, neuf à Némée. Ce n'est qu'à sa septième apparition à Olympie qu'il trouva un adversaire à sa taille: son compatriote Timasithéos. Beaucoup plus jeune que lui, Timasithéos sut éviter si habilement les prises de Milon que celui-ci, épuisé, dut abandonner.

La boxe

C'est à la boxe que pour la première fois des athlètes déshonorèrent les Jeux olympiques. Eupolos de Thessalie avait acheté ses adversaires. Désireux de vaincre... à tout prix, Eupolos avait circonvenu ses opposants successifs, Agétor, Prytonès et Phormion d'Halicarnasse, le tenant du titre dans la précédente olympiade. Tout se déroula comme prévu, jusqu'à ce que notre Eupolos refuse de payer la somme convenue, alléguant, après coup, qu'il ne devait la victoire qu'à sa seule supériorité. Devant cette double forfaiture, les comparses le dénoncèrent aux juges. Le Sénat d'Olympie mit tout ce monde à l'amende. On était à la 98e Olympiade, en 388 avant J.-C. Le fruit de l'amende fut utilisé pour élever six statues de Zeus en bronze qu'on plaça dans l'Altis, tout près de l'entrée du stade. On appelait ces statues, Zanès. Sur le socle de la première on inscrivit: « Ce n'est pas avec de l'argent mais avec des jambes rapides et un corps robuste qu'on remporte la victoire d'Olympie. » Sur le socle de la seconde, on pouvait lire: « Cette statue a été élevée en l'honneur de la divinité par la piété des Éléens et aussi pour inspirer la crainte aux concurrents déloyaux. » C'était là un avertissement à tous les athlètes entrant dans le stade. Il faut convenir d'ailleurs que, outre ce manquement des boxeurs, on ne compte que deux autres violations des règlements des Jeux.

Les boxeurs s'avancent à la première sonnerie de trompette. Les combats vont se dérouler sur la terre battue du stade. On tire au sort pour former des couples. On trace sur le sol de grands cercles dans le périmètre duquel les assauts vont se donner. Les athlètes, préalablement sélectionnés, ne sont que sept ou huit. Les combats vont se dérouler à la suite, de telle sorte que les finalistes en sont à leur deuxième ou même plus sûrement à leur troisième engagement. C'est à un tournoi que nous assistons.

Les boxeurs de la Grèce ancienne bandaient leurs mains de longues lanières de cuir pouvant faire trois mètres et plus. Ils enroulaient d'abord cette lanière autour des quatre doigts, dans la partie supérieure, laissant suffisamment de liberté de mouvement à la main pour se refermer. Ils l'enroulaient ensuite autour du poignet pour terminer avec le pouce.

La boxe. La garde est tenue très haute. *Amphore, Villa Giulia.*

À l'époque de l'âge d'or de la Grèce, la boxe était avant tout un art de la défense. Le boxeur prenait appui sur ses deux jambes, largement écartées, la jambe gauche en avant, recourbée au genou pour assurer le ressort et le mouvement du corps. La jambe droite à l'arrière, raidie, prête à appuyer un punch ou un déplacement avant. Le bras gauche en garde, très haut. Le bras droit replié à la hauteur des yeux, prêt pour un jab à la mâchoire ou à la joue. Il est interdit aux boxeurs de s'accrocher et le corps à corps est inconnu. Le boxeur fait usage des deux mains: le poing droit, sert les uppercuts, les crochets, les jabs, les feintes; le poing gauche, les droits au menton qui entraînent souvent le knock-out.

Le combat était lent, mais surtout il risquait d'être long. On ne faisait aucune pose et c'était un engagement unique à finir. Les boxeurs ménageaient leurs forces, attendaient l'ouverture. Pour rejoindre un adversaire au bras de garde tendu, il fallait se déplacer rapidement sur la gauche pour y aller d'un droit de la main gauche. Mais c'était là créer soi-même une ouverture à un jab rapide et quelquefois dévastateur. Les boxeurs s'étudiaient, faisaient du sur-place en des cercles interminables. Les spectateurs appréciaient la technique du jeu de pieds et attendaient la main habile qui porterait le coup fatal. Les règles étaient rares: on pouvait frapper un opposant au sol. Les coups au corps, à la tête, au cou, aux épaules étaient permis. On pouvait même frapper de la pointe, les mains tendues. Souvent devant la lenteur des reprises, les juges encourageaient les boxeurs à cogner. Quant au public, il mettait dans la voix l'encouragement quelquefois

Pugiliste d'époque romaine. Les gants sont particulièrement redoutables. *Bronze, Musée national, Rome.*

nécessaire à l'un des boxeurs à prendre le risque qui lui valait la victoire.

Le combat se terminait par le knock-out. Il se terminait aussi par l'abandon. Le boxeur levait l'index pour signaler au juge qu'il renonçait à combattre ou pointait deux doigts en direction de son opposant pour lui signifier l'abandon. Quelques boxeurs dans l'antiquité utilisaient la technique de l'épuisement de leur adversaire. Le plus célèbre, sans contredit, fut Melancomas de Carie, ami de l'Empereur romain Titus. Il pouvait se vanter d'avoir eu un adversaire sans lui porter un seul coup et sans en recevoir un seul lui-même, tellement sa garde était impénétrable. Après des heures d'assaut, le concurrent abandonna la partie, épuisé de tourner en rond et d'assaillir une forteresse. Pour Melancomas, la boxe était avant tout un test d'endurance.

L'assistance comptait les coups et le summum du raffinement était atteint chez un boxeur quand il avait mis hors de combat son adversaire sans avoir personnellement été touché une seule fois.

Hippomachus d'Élis, qui combattit à Olympie comme junior, avait réussi à envoyer au tapis ses trois opposants successifs sans recevoir lui-même de coup ou de blessure. Le fait est tellement insigne qu'on en a gardé mémoire! Toutefois, tous ne s'en tiraient pas aussi facilement. Plusieurs concurrents quittaient le stade avec des dents cassées, des oreilles enflées et un nez écrasé. Cependant, les accidents mortels étaient extrêmement rares à Olympie.

La boxe, sport si élégant, appliqué davantage à la défensive qu'à l'attaque devint rapidement un jeu très cruel où la force brutale et le poids prirent le dessus. La boxe grecque se transforma en pugilat romain. On ajouta d'abord aux lanières entourant les mains des cestes ou masses de bois destinées à alourdir les coups portés à l'adversaire. Ces objets s'attachaient à l'intérieur de la main. À l'époque romaine, c'est de véritables gants de boxe dont on munit les athlètes... Mais quels gants! Depuis la phalange jusqu'à l'avant-bras, laissant les doigts et le pouce libres de se replier, on installait une masse de cuir recouverte de crochets de métal aux pointes acérées. On laissait maintenant dans le stade, pour y remporter une victoire, qui un œil, qui une oreille, qui une fracture du crâne, pour ne pas parler de la semence de dents!

Le pancrace

Le pancrace était un composé de lutte et de boxe. Tous les coups y étaient permis, à l'exception de trois: crever les yeux, mordre et griffer. Coups de poing, coups de pied, prises d'étranglement, renversements, torsions des bras, des pieds, des doigts, des orteils, des oreilles... ou de toute autre partie du corps, coups de pied à l'estomac et même les si douloureux coups de pied à l'aîne, en somme, tous les coups et prises imaginables étaient permis! Il était même permis de frapper un adversaire au sol! Le combat ne s'arrêtait qu'après un knock-out. À moins que l'un des concurrents ne lève l'index en signe de soumission. Le juge frappait alors son opposant à l'épaule du bout de son fouet, pour lui signifier l'arrêt du combat.

Il faut lire le récit d'un combat écrit par Philostrate pour saisir toute la rudesse de ce sport. C'est même au couronnement d'un cadavre que nous assistons! L'auteur ancien fait la description d'une

Le Pancrace. L'arbitre corrige d'un coup de baguette le concurrent pris en défaut.
Coupe. British Museum.

Le pancrace: une combinaison de boxe et de lutte. *Skyphos, Metropolitan Museum of Art, Rogers Fund, 1905, New York.*

peinture célèbre qui était située sous un portique de Naples. C'est dans un style précis que Philostrate dégage le thème de la peinture et, sans être démuni d'émotion, dégage l'atmosphère générale du tableau. « Te voici arrivé, écrit-il, aux Jeux olympiques eux-mêmes et à la plus belle des épreuves olympiques, je veux parler du pancrace pour adultes.

« C'est ici la scène du couronnement d'Arrhichion, qui ne survécut pas à la victoire, et le juge est en train de le couronner. La peinture est, on peut le dire, d'une grande précision tant par le souci de la vérité que par l'exactitude des personnages.

« Le décor représente le stade, situé dans un agréable vallon qui le limite; les eaux légères de l'Alphée se jettent dans la mer; des oliviers sauvages font au tableau un cadre de verdure; ils sont beaux, et leur feuillage frisé rappelle celui du céleri. Mais nous regarderons ces détails ainsi que beaucoup d'autres après avoir regardé le stade. Examinons d'abord quel fut l'exploit d'Arrhichion; il semble qu'il ait triomphé non seulement de son adversaire, mais de toute la Grèce. Les spectateurs crient, levés de leurs sièges; les uns agitent leurs mains, d'autres leurs vêtements, d'autres sautent en l'air, d'autres étreignent, dans leur enthousiasme, les mains de leurs voisins. Des exploits aussi formidables ne permettent pas aux spectateurs de demeurer calmes: qui serait assez insensible pour ne pas acclamer l'athlète? Il avait déjà réalisé un bel exploit en remportant sa double victoire olympique; mais n'est-ce pas encore plus beau de payer sa victoire de sa vie et de gagner le séjour des bienheureux sur la poussière même du stade?

Le pancrace. Une clef de jambe. *Amphore, Metropolitan Museum of Art, Rogers Fund, 1916, New York.*

« Ne va pas croire que sa victoire fut due au hasard: il avait très habilement combiné la prise qui la lui assura. Les spécialistes du pancrace ont à pratiquer un genre de lutte périlleux. Ils sont exposés à des chutes sur le dos, qui ne sont pas sans danger; il leur faut imaginer des prises qui leur permettent de triompher tout en tombant; c'est pour eux toute une éducation que de savoir porter des colliers de force différents d'après les cas; ils se prennent aux chevilles et se tordent les poignets; ils ont aussi le droit de frapper et de piétiner. Rien n'est interdit au pancrace sauf de mordre et de griffer. Les Lacédémoniens autorisent même ces dernières pratiques, comme entraînement, je pense, à la guerre; les jeux Éléens les interdisent, mais permettent les colliers de force.

« C'est ainsi que l'adversaire d'Arrhichion, l'ayant saisi à bras le corps, a résolu de le tuer et il lui pèse de son coude sur la gorge pour l'empêcher de respirer; les jambes sur les cuisses d'Arrhichion, la pointe de chaque pied sous ses jarrets; il cherche à avoir l'initiative de l'étranglement et déjà le sommeil de la mort engourdit les sens d'Arrhichion. Il a pourtant le tort de desserrer l'étreinte de ses jambes, faute qui n'échappe pas à la science d'Arrhichion. Celui-ci, échappant à la plante du pied qui menaçait sa jambe droite, saisit ce pied dans son jarret suspendu en l'air et le rapproche de son aine d'une façon irrésistible; d'autre part, s'appuyant de tout son poids sur le côté gauche, il serre de sa jambe repliée l'extrémité du pied de son adversaire et le lui tordant avec force, lui déboîte la cheville. Le souffle qui est prêt à l'abandonner l'affaiblit un peu; il n'en pèse qu'avec plus de force. L'étrangleur ressemble, sur le tableau, à un mort, et, de la main, fait signe qu'il abandonne. Arrhichion, lui, est peint comme un vainqueur: le teint clair et frais malgré la sueur. Il sourit comme fait un vivant qui prend conscience de sa victoire. »

Les combats de pancrace étaient si rudes qu'ils étaient souvent redoutés des athlètes eux-mêmes. Il n'était pas rare de voir un concurrent s'inscrire à un concours pour se retirer à la dernière minute. Un tel désistement ne lui faisait évidemment pas honneur et la foule accueillait la nouvelle par des cris de réprobation. Il était même prévu par les règlements que ces athlètes seraient mis à l'amende. Ce fut le sort de Théagène de Thasos qui refusa le combat, lors des 75e Jeux et de Sarapion d'Alexandrie qui se sauva d'Olympie la veille du combat, lors des 201e Jeux. En revanche, les combats de pancrace étaient hautement prisés à Olympie. Ils étaient, au dire de certains auteurs anciens, les activités les plus suivies.

Les pancratiastes étaient habituellement des boxeurs. Ainsi ils s'inscrivaient aux deux disciplines. Et le sommet de la gloire était atteint par un athlète lorsqu'en une même journée il remportait à Olympie la double victoire à la boxe et au pancrace. Le premier à réussir cet exploit fut Kapros d'Élis lors des 142e Jeux en 212 avant notre ère. Il avait donc livré et gagné cinq ou six combats en une seule journée.

Le plus célèbre pancratiaste de l'antiquité fut, sans contredit, Théagène de Thasos (le même qui refusa le combat en 480). Il était un coureur remarquable surtout au dolichos et à la course en arme. Boxeur et pancratiaste, il avait remporté, au dire de Plutarque, au moins douze cents victoires lors des différents Jeux à travers la Grèce.

Les compétitions de juniors

Des compétitions réservées exclusivement aux garçons furent introduites à Olympie à l'occasion des 37e Jeux, en 632 avant J.-C. Elles se composaient de la course et de la lutte. Quatre ans plus tard, en 628, on mit au programme un concours de pentathlon qu'on retira aussitôt des compétitions, car il s'était avéré trop exigeant pour de jeunes athlètes. Lors des 41e Jeux, en 618, on inscrivit une épreuve de boxe et, beaucoup plus tard, à l'occasion des 145e Jeux de l'an 200 avant J.-C., une épreuve de pancrace.

Ces concours étaient réservés aux garçons de moins de 18 ans. Leur cité d'origine et leurs parents se portaient garants de l'âge des jeunes athlètes. Toutefois, à défaut de registres tenus par la cité et en cas de litige, les juges, les Hellanodices, se faisaient arbitres de l'âge des concurrents dès leur arrivée à Élis pour l'entraînement. On connaît le nom d'un garçon, gagnant à la course en 368 avant J.-C. à l'occasion des 103e Jeux, qui avait tout juste douze ans. Il s'agit de Damiscos. On rapporte cependant l'exploit de cet adolescent comme un fait inusité.

Les règlements olympiques semblent avoir été les mêmes pour les juniors que pour les hommes, à l'exception toutefois de la course. Pour cette épreuve, on réduisait la distance à parcourir de un sixième. En conséquence, la course n'était plus que de cinq sixième de stade ou 160,2 mètres.

Philostrate, qui vivait dans la dernière période des Jeux olympiques sous l'Empire romain, constatait que seulement deux ou trois gagnants dans la catégorie junior avaient réussi à se classer premier, devenus adultes, dans les compétitions réservées aux hommes. Il en conclut qu'à trop nourrir et à trop entraîner des adolescents comme s'ils étaient des hommes faits, on les rendait léthargiques. Il aurait fallu, d'après lui, susciter leur vivacité et la rapidité de leurs mouvements. Bien avant lui déjà le grand philosophe Aristote, au IVe siècle avant J.-C., recommandait pour la jeunesse des exercices légers qui ne dépasseraient pas les forces des jeunes garçons. L'histoire, dirait-on, lui donna raison!

Les compétitions hippiques

Au jour dit, les spectateurs et les juges se déplaçaient vers l'hippodrome. C'est là que se déroulaient les courses de chars et les courses de chevaux montés. Ces compétitions avaient été introduites assez tôt à Olympie, dès les 35e Jeux de 680 pour la course de chars, en l'honneur de la victoire légendaire de Pélops sur son beau-père Oenomaos. Le spectacle était grandiose. Y figuraient les plus grandes écuries du monde grec et certaines années virent arriver à Olympie pas moins de 100 chars pour s'inscrire dans une seule et même catégorie.

Au programme: les courses de quadriges (chars attelés de quatre chevaux), les courses de biges (chars attelés de deux chevaux) et les courses de chevaux montés. À certaines époques, il y eut des courses de biges attelés de mulets (de 500 à 444), des courses de juments (de 496 à 444), des courses de quadriges et de biges attelés de poulains de deux ans (à partir de 384 et de 268 respectivement) et même des courses de poulains montés (à partir de 200). Certes, il y eut aussi l'année 67 de notre ère, les 211e Jeux, lors de laquelle l'Empereur Néron se présenta à Olympie avec un attelage de dix chevaux.

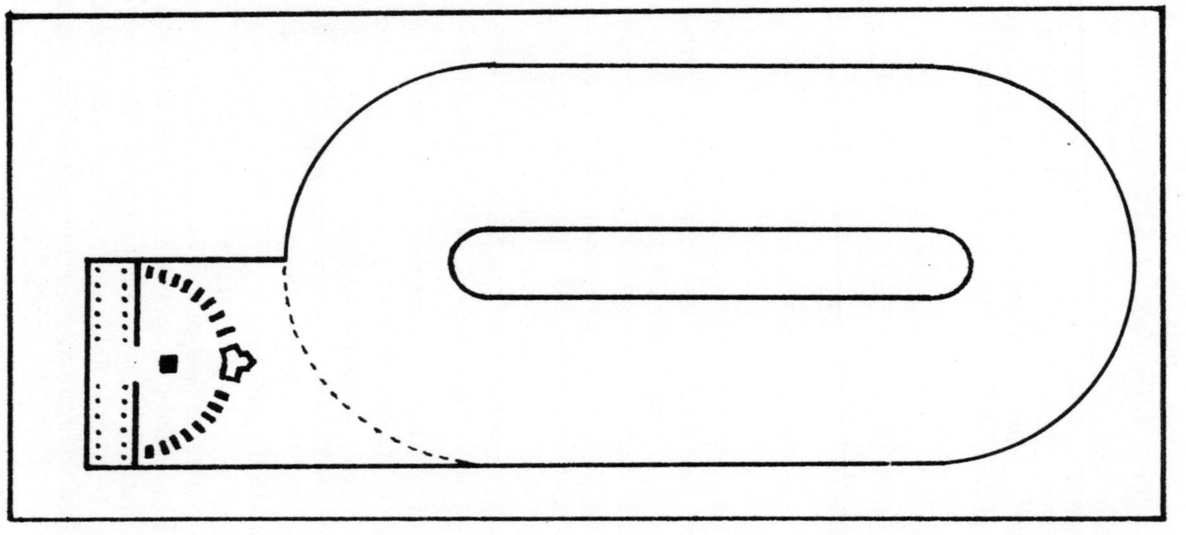

Plan de l'hyppodrome.

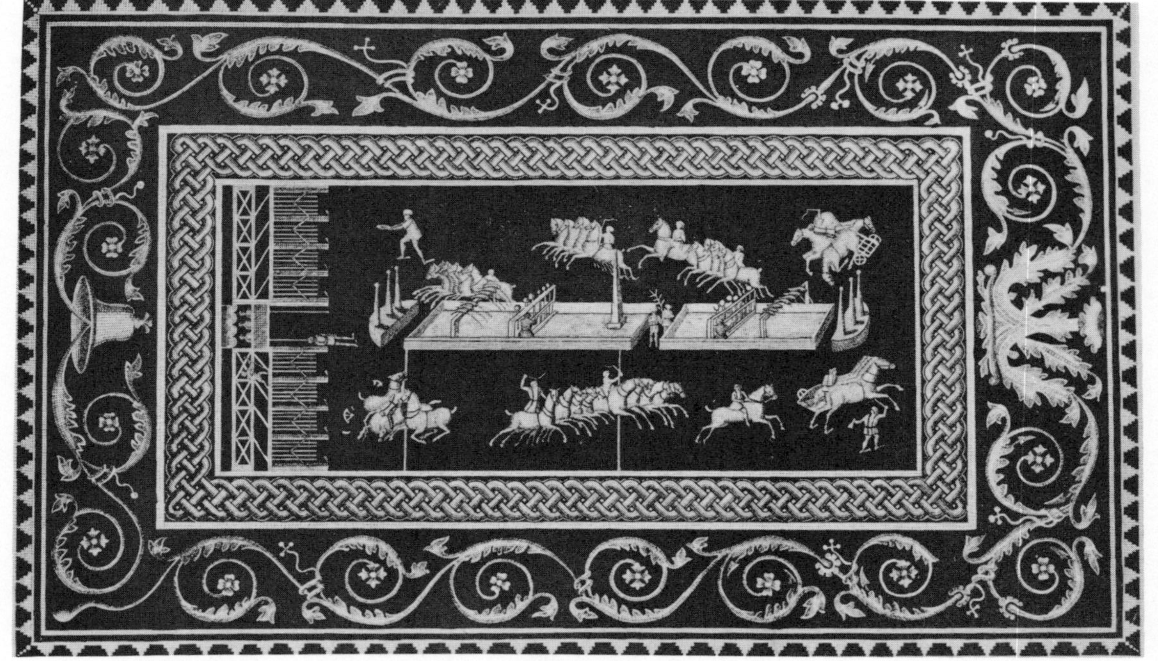

La parade des équipages dans un cirque romain. *Mosaïque, Musée de civilisation gallo-romaine, Lyon.*

Seul concurrent dans sa catégorie... il remporta néanmoins difficilement la palme, car il fut déporté pendant la course et passa le poteau d'arrivée sur les essieux, les roues de son char l'ayant laissé en chemin!

Les courses de chars

Les courses de chars étaient les plus spectaculaires. Les accrochages et les accidents étaient fréquents, les blessures aussi. Les attelages qui s'alignaient au départ n'étaient pas assurés de terminer la course. À cet égard, le poète Pindare loue dans une de ses *Odes* le cocher (l'aurige) Arcésilas, seul à franchir le poteau sur les 40 à prendre le départ.

Les attelages de chevaux couraient douze tours de piste soit 9229 mètres, tandis que les attelages de poulains en couraient huit ou 6152 mètres. Les chars étaient à deux roues. Ils étaient bas et montés sur l'essieu sans ressort. Ils étaient munis, sur trois côtés, d'un parapet qui arrivait à la hauteur du genou de l'aurige. L'arrière était ouvert. Les chevaux étaient attelés à la pôle par un harnais prenant appui sur la poitrine et retenu par une sangle. On passait une bride aux chevaux, dont le mors était droit. L'aurige, en équilibre sur une minuscule plate-forme, tenait en mains les guidons. Il tenait aussi un fouet ou un bâton clouté. Habillé de la tunique blanche il se ceignait le front d'un bandeau pour retenir ses cheveux.

Le tirage au sort déterminait la position de départ. Il faut ici décrire l'ingénieux mécanisme mis au point par Cléoetas, fils d'Aristoclès d'Athènes, pour donner le départ à Olympie. Nul ne peut cependant le faire mieux que Pausanias qui l'a vu

Course de chars. *Dinos, Musée national, Naples.*

en action. « Au bout de la piste, écrit-il, se trouvent les stalles de départ. C'est une construction qui a la forme d'une proue de navire tournée dans le sens de la course. À la pointe, se trouve un dauphin de bronze. Les côtés mesurent quelque 400 pieds et sont percés de stalles. Ces stalles sont assignées par le sort aux équipages ou aux coursiers. Quand les concurrents sont en place, on tend un câble devant chaque stalle qui sert ainsi de barrière. Au centre de cette construction se trouve un autel fait de briques crues, sur lequel on a placé un aigle de bronze aux ailes déployées. Cet aigle est relié mécaniquement au dauphin. Pour indiquer un départ, le surveillant abaissait le dauphin en élevant l'aigle. Ce mécanisme avait aussi pour fonction de retirer progressivement les deux câbles qui fermaient les stalles, de sorte que les deux chars situés aux extrémités étaient libérés les premiers et, quand ils étaient arrivés au niveau des deux stalles suivantes, ces stalles se trouvaient ouvertes à leur tour et ainsi de suite. Le cheval à la pôle et le cheval du large arrivaient ainsi ensemble à la ligne de départ. »

La grande difficulté de la course résidait dans le contournement des bornes. À chaque extrémité de la piste, il y avait en effet des poteaux qu'il fallait contourner en un angle de 180 degrés. Il était avantageux de serrer la borne pour perdre le moins de temps possible. L'aurige retenait le cheval de gauche en laissant à celui de droite le temps de parcourir une distance plus longue.

On ne saurait ici mieux décrire la course de chars que ne l'a fait le poète tragique Sophocle. Dans le texte qui suit, Sophocle met dans la bouche d'un messager le récit de la fausse nouvelle de

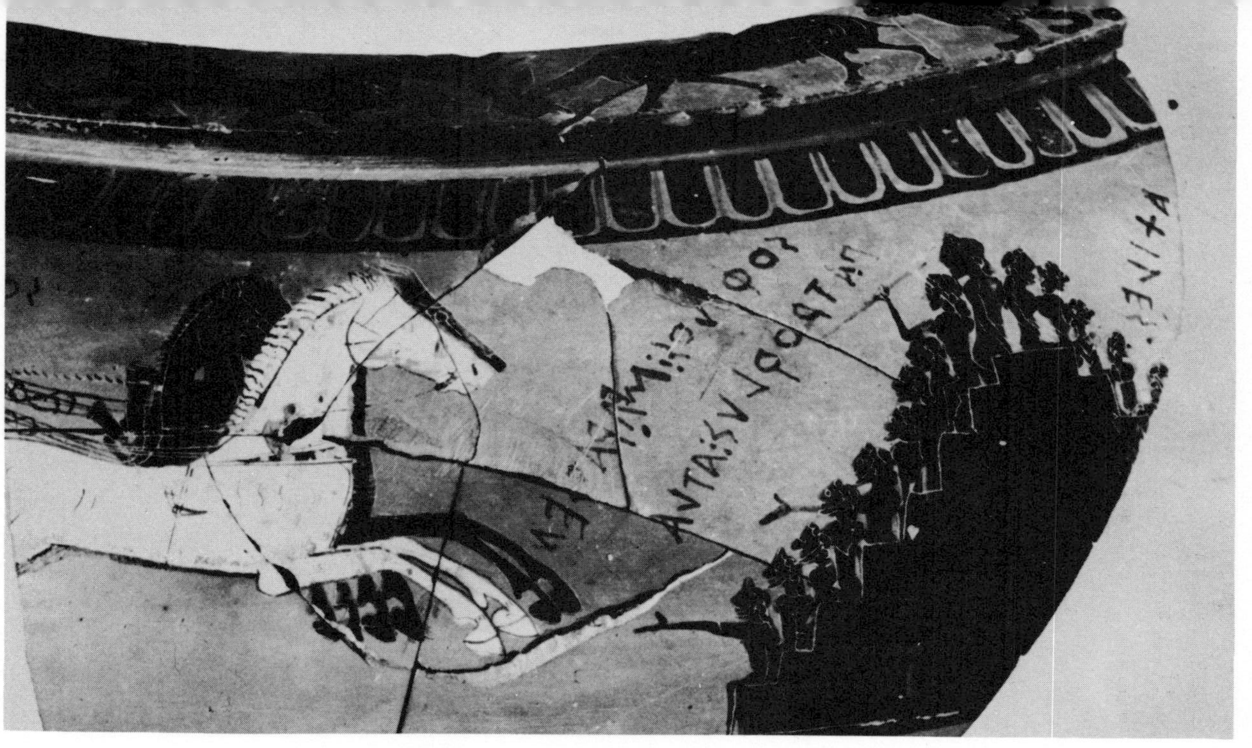

Les spectateurs s'animent devant une fin de course si serrée.
Fragment de dinos, Musée national, Athènes.

la mort d'Oreste, fils d'Agamemnon, qui serait survenue à l'hippodrome de Delphes.

« Le lendemain, comme au lever du soleil devait avoir lieu le combat de vitesse, Oreste parut en compagnie de plusieurs conducteurs de chars. L'un était achéen, un autre de Sparte, deux étaient libyens, parmi les chefs d'attelages; le cinquième conduisait des chevaux thessaliens, le sixième venait d'Étolie avec des poulains alezans; le septième était magnésien; le huitième, avec ses chevaux blancs, était d'Énia; le neuvième de la ville bâtie par les dieux, j'ai nommé Athènes; un autre était béotien et complétait le chiffre de dix.

« Quand les arbitres eurent tiré au sort et assigné à chacun sa place, au signal de la trompette de cuivre, ils s'élancèrent, excitant les chevaux de la voix et secouant les rênes; le stade s'emplissait du crépitement des chars, la poussière s'élevait; et tous, mêlés les uns aux autres, n'épargnaient ni l'aiguillon, ni le fouet pour devancer les roues et les chevaux frémissants de leurs rivaux. Les chevaux projetaient leur écume et leurs souffles chauds dans le dos des auriges et sur les jantes des roues adverses.

« Oreste, lorsqu'il amenait son char à la borne extrême, en approchait de plus en plus son moyeu, lâchant la bride au cheval de droite et retenant le cheval de gauche. Jusqu'alors tous les chars restaient en course; mais voilà que les poulains, de bouche trop sensible, de l'homme d'Énia s'emballent et arrivant en sens inverse, au moment où le sixième tour achevé on commençait le septième, ils heurtent de front les quadriges Barcéens; et un malheur ne venant jamais seul, toute la plaine de Krisa s'emplit de naufrages équestres.

« L'Athénien, habile conducteur, se rendant compte du danger, appuie à l'extérieur de la piste en tirant sur le mors et laisse passer la vague de chevaux qui déferle vers le milieu. Cependant, Oreste, en dernière position, faisait une course d'attente et mettait tout son espoir dans l'emballage final. Dès qu'il s'aperçoit que l'Athénien reste seul en course, il fait siffler aux oreilles de ses poulains rapides le son aigu du fouet et se met à la poursuite de l'Athénien; voilà les deux attelages à la même hauteur, tantôt l'un tantôt l'autre menant par une tête.

« Il avait mené sans mal tous les autres tours, le hardi Oreste, impeccable de style et d'allure! Mais voilà qu'en lâchant la rêne du cheval qui virait à gauche, il ne s'aperçoit pas que sa roue heurte la borne; le moyeu se brise; il roule au bas de son char et se trouve enlacé par les lanières découpées des rênes; à peine est-il tombé, ses chevaux s'emportent au milieu du champ de courses.

« La foule, en le voyant tomber, déplora bien haut par ses gémissements le malheur du jeune homme, qui, après tant d'exploits, subissait du sort tant de maux. Ses jambes battaient contre le sol ou au contraire pointaient vers le ciel, jusqu'à ce que les autres auriges, ayant à grand'peine arrêté ses chevaux, l'eussent dégagé. Souillé de sang comme il l'était, nul de ses amis en le voyant n'eut pu reconnaître sa dépouille. »

La course de chevaux montés

À la course de chevaux montés, le jockey montait sans selle ni étrier. Il retenait ses cheveux à l'aide d'un bandeau et quelquefois il chaussait les éperons. La course elle-même consistait en une double longueur de l'hippodrome, soit 769 mètres. Le départ se prenait en formation en pointe comme à la course de chars. Le gagnant se présentait avec sa monture devant l'estrade des juges pour y être couronné.

De tous les récits qui nous ont été transmis sur les courses de chevaux montés à Olympie, il en est un particulièrement touchant. Pausanias raconte, en effet, que la jument Aura était si bien dressée à la course de l'hippodrome que, voyant son cavalier désarçonné dès le départ, elle ne continua pas moins la course. Elle contourna la borne extrême et, excitée par le claironnement des trompettes, accéléra la foulée pour passer première le poteau d'arrivée. Finalement elle alla se placer devant le jury, consciente de sa victoire. Pausanias nous assure qu'il a vu dans le bois sacré d'Olympie la statue que les juges avaient permis à Peidoles, le propriétaire, d'élever à sa brave et intelligente jument.

L'équitation est un art ancien et c'est avec grand plaisir qu'on lit encore les conseils que Xénophon donnait à la jeunesse grecque sur la manière de se tenir en selle. Le passage qui suit est tiré de son *Traité d'équitation.* L'élégance était déjà de mise!

« Pour monter à cheval, il faut prendre convenablement de la main gauche le bridon attaché soit au mors soit à la gourmette; le tenir assez lâche pour ne pas tirer sur le cheval; pour monter s'aider soit de la crinière qu'il faut saisir près des oreilles, soit de la lance; saisir avec la main droite les rênes en même temps que la crinière à la hauteur du garrot; éviter absolument, quand on monte, de tordre la bouche de son cheval.

« Commencer par prendre son élan, hisser le

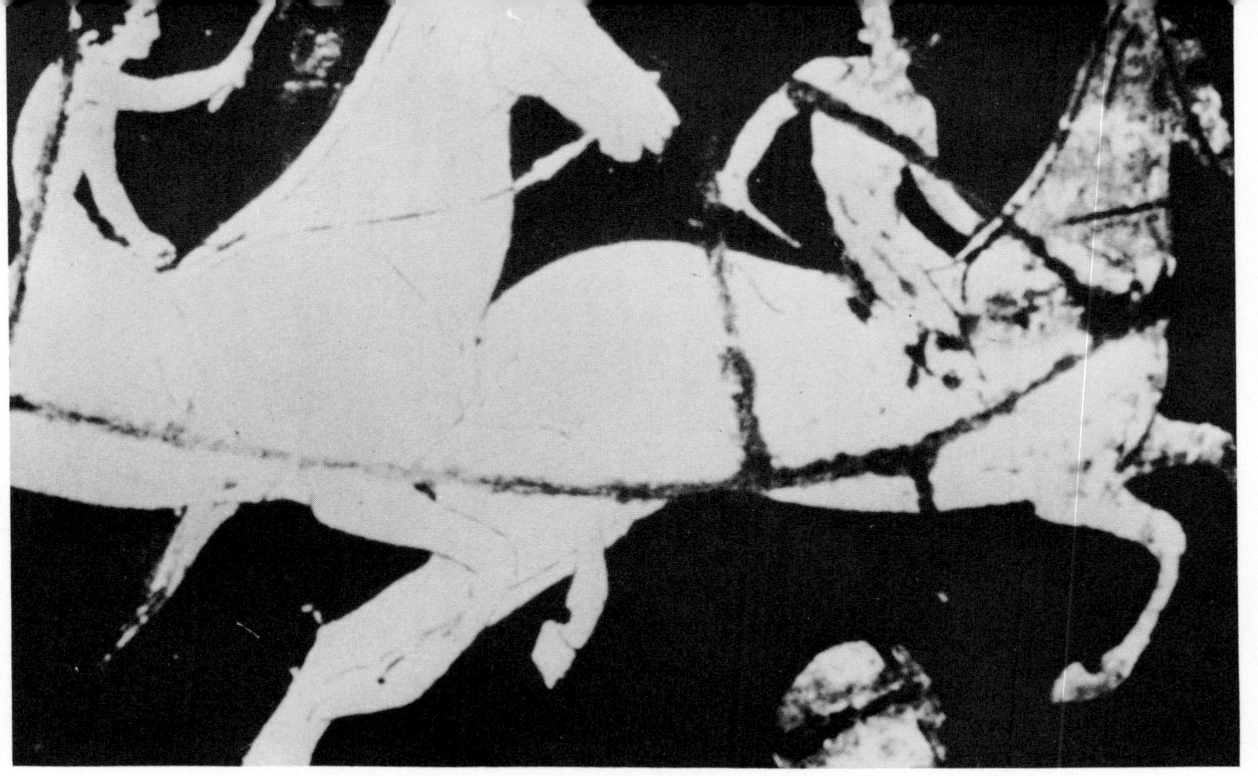

Cravache à la main, les cavaliers passent le fil d'arrivée. *Cratère, Bologne.*

corps par un effort du bras gauche, puis, le bras droit, étendu, s'enlever. Si l'on monte de cette manière, on n'offrira jamais, même de dos, un spectacle ridicule. Manœuvre qui s'accomplit la jambe pliée. Ne pas poser le genou sur le dos du cheval, mais enjamber la bête. Attendre, pour prendre son assiette, que le pied ait passé de l'autre côté.

« Si l'on conduit de la main gauche il est également indiqué de s'entraîner à monter du côté droit. On n'a, dans ce cas, qu'à apprendre à exécuter de la main gauche les mouvements qu'on accomplissait de la droite et réciproquement...

« Si vous montez, que ce soit avec ou sans selle, nous ne vous conseillons pas de demeurer assis comme sur un siège, mais bien plutôt de garder l'attitude d'un homme debout les jambes écartées. Ainsi, la pression des cuisses sera plus étroite et dressé plus haut sur votre cheval, vous pourrez, le cas échéant, lancer le javelot avec plus de force.

« La jambe et le pied doivent pendre d'une façon molle et dégagée à partir du genou. Car si la jambe raidie venait à heurter quelque obstacle, elle pourrait se briser. Au contraire, si elle est molle au moment du choc, elle y cédera sans que le genou se déboîte.

« Le cavalier doit encore s'entraîner à acquérir la plus grande souplesse possible du torse et du buste. Ainsi se fatiguera-t-il moins, et, qu'on le tire ou qu'on le pousse, risquera-t-il moins de tomber. »

Conclusion

La tradition olympique aura duré quelque dix siècles! Depuis 776 avant J.-C. jusqu'à 393 après J.-C. Sous le règne de l'Empereur romain Théodose premier en 394, les Jeux olympiques furent interdits pour des motifs religieux. Les statues des dieux furent descendues de leur socle, les temples pillés, l'airain fondu. En 426, Théodose II ordonna l'incendie et la destruction des temples. Il fit atteler des bœufs aux colonnes du temple de Zeus et les fit renverser jusqu'à la dernière. Le site fut abandonné. L'idéal grec d'éducation d'un homme harmonieusement développé s'écroula avec les ruines d'Olympie et la pratique du sport tomba dans le mépris disparaissant pour longtemps avec les Jeux olympiques de l'Antiquité.

Toutefois, la fin de l'idéal sportif olympique se situe bien avant ces dates fatidiques. Depuis longtemps déjà, en effet, les athlètes étaient devenus des professionnels fort critiqués pour leurs mœurs et jugés irrécupérables à l'armée. Il était loin le temps où les bergers descendus de leurs collines sur lesquelles ils rivalisaient entre eux, pieds nus, à la course, se présentaient à Élis, ignorants des règlements olympiques, un mois avant le festival. Elle était disparue depuis longtemps la génération des bouviers qui s'était exercée au lancer du disque en projetant de grandes pierres plates à travers leurs champs. Olympie avait vu arriver des athlètes soigneusement sélectionnés, rigoureusement entraînés par des spécialistes, étroitement surveillés dans leur régime alimentaire, ayant même déjà acquis de nombreuses victoires dans leur cité respective et dans différents Jeux organisés à travers la Grèce.

Les athlètes qui concouraient à Olympie, déjà au Ve siècle avant J.-C., étaient des professionnels qui venaient recueillir dans le stade un titre supplémentaire, celui de « périodoniques » qui signifie « vainqueurs aux Jeux panhelléniques ».

Le rameau d'olivier d'Olympie leur apportait non seulement la gloire, mais aussi des récompenses appréciables: pension dans leur cité d'origine, poste d'entraîneur à vie dans le gymnase ou la palestre de leur cité, forte somme d'argent. On rapporte qu'à Athènes un vainqueur aux Jeux Isthmiques à Corinthe recevait 100 drachmes de sa cité; le rameau d'olivier d'Olympie lui en valait 500. Aux grandes Panathénées à Athènes, on distribuait aux vainqueurs pas moins de 1300 amphores d'huile... une fortune!

Parce que la victoire rapportait gros et parce que la victoire demandait un entraînement intensif, une catégorie d'athlètes professionnels apparut très tôt. On sélectionna et fabriqua des « bêtes à concours ». Ce fut même une sorte de promotion sociale d'un certain genre.

Parallèlement à cette tendance au professionnalisme, s'éleva la critique. Lisons le poète Euripide qui donne libre cours à ses propos: « Alors que les vauriens pullulent par la Grèce, rien n'est pire que la race des athlètes. D'abord ils ne reçoivent aucun principe de vie honnête et ne sauraient en recevoir... Je blâme cet usage des Grecs, qui rassemblent des gaillards de cette sorte, venus de cent contrées, et honorent des plaisirs inutiles... À quoi sert un homme qui a bien lutté ou qui court vite, qui a lancé le disque ou brisé une mâchoire scientifiquement? Quel avantage sa couronne procure-t-elle à sa patrie? »

Mais c'est à la fin de l'Empire romain que la décadence se fit plus grave et la critique d'autant plus sévère. Lisons les propos de Philostrate: « Nous avons au lieu de combattants des athlètes qui n'ont pas été soldats, au lieu de gens d'action des paresseux, au lieu d'hommes secs et nerveux des « molassons ». La gourmandise a prévalu... La médecine flatte leur indolence... tout le temps qui précède les exercices, elle les oblige à se reposer, bourrés comme des ballots... L'état de bombance où ils vivent commence par exciter les athlètes et par les porter aux désirs amoureux; il fait naître chez eux mille convoitises illicites et les amène à acheter et à vendre leurs victoires. Je n'excepte pas les entraîneurs de cette compétition: car c'est par esprit de lucre qu'ils se sont fait entraîneurs; ils prêtent aux athlètes leur savoir moyennant gros intérêts... Ce sont des marchands de valeurs athlétiques, des « affairistes », pas autre chose! »

Faisant la part de ces critiques, il faut souligner avec beaucoup d'insistance les aspects positifs de ce « professionnalisme ». En premier lieu, indiquons les immenses progrès qu'a faits la médecine sportive: il faudrait décrire la fiche d'hérédité et la fiche médicale tenues par le médecin; il faudrait parler longuement des recherches sur le régime alimentaire des athlètes. En second lieu, soulignons le soutien technique offert à l'athlète dans sa cité: l'abondance de l'équipement sportif, la sélection hâtive et l'encouragement matériel dans la poursuite de l'entraînement. Enfin, il faut nettement distinguer « l'amateurisme » de l'athlète qui participe à Olympie pour la gloire rattachée au rameau d'olivier des récompenses attribuées après coup aux vainqueurs par leurs compatriotes: les deux attitudes ne sont pas contradictoires en ce sens que l'organisation olympique ne distingue pas de catégories d'amateurs ou de professionnels; elle se borne à mettre en lice les meilleurs athlètes de la Grèce ne leur offrant qu'une récompense symbolique. Cependant, elle saura refuser l'enregistrement de l'athlète qui s'est mis en retard à son arrivée aux Jeux pour s'être détourné de sa route en vue de participer à une compétition rémunératrice!

Bibliographie

ABOUT, Jacques et DUPLAT, Michel, *Petit guide des Jeux Olympiques*, Montréal, Les Éditions de l'homme, 1972, 151p.

AMSLER, Jean, « Recherches sur l'olympisme antique: Le mot et le site d'Olympie », dans *Revue éducation et sport*, 18e année, no 86, mai 1967, p. 37-40.

——, « Recherches sur l'olympisme antique: les origines du mythe », dans *Revue éducation et sport*, 18e année, no 87, juillet 1967, p. 17-23.

——, « Recherches sur l'olympisme antique: Les origines du mythe », dans *Revue éducation et sport*, 18e année, no 88, septembre 1967, p. 12-16.

BLOCH, Raymond, « The Origins of the Olympic Games », dans *Scientific American*, août 1968, p. 78-87.

CHAMOUX, F., *La civilisation grecque*, Paris, Arthaud, 1963, 476p., 229 fig.

DREES, Ludwig, *Olympia, Gods, Artists, and Athletes*, New York/Washington, F. A. Praeger, 1968, 193p. 83 fig. XVI pl.

EN COLLABORATION, *Dictionnaire de la civilisation grecque*, Paris, Fernand Hazan, 1966, 494p.

FALLU, Élie, *Les Jeux Olympiques*: Extraits d'auteurs anciens sur les jeux, Sainte-Thérèse, Collège Lionel-Groulx, 1975, 30p.

FICHEFET, C. et CORHUMEL, J. *Les Jeux Olympiques, des origines à nos jours*, Verviers, Marabout, 1964, 224p.

GARDINER, E. N. *Athletics of the Ancien World*, Oxford, Clarendon Press, 246p., 214 fig.

GREEK ATHLETIC GAMES, New York, The Metropolitan Museum of Art, s.d., 19 fig.

HARRIS, H. A., *Greek Athletes and Athletics*, London, Hutchinson, 1964, 244p., 32 fig.

MARLY, Claude, « Les Jeux Olympiques sont nés de la magie, non du sport », dans *Sciences et avenir,* no 162, août 1960, p. 410-416.

OLYMPIC GAMES OF ANCIEN GREECE, New York, The Metropolitan Museum of Art, s.d. 16 fig.

PATRUCCO, Roberto, *Lo sport nella Grecia antica,* Firenze, Leo S. Olschki Editore, 1972, 431p., 190 fig.

POOLE, Lynn and GRAY, *History of Ancien Olympic Games,* London, Vision Press, 1963, 143p.

ROBELIN, Françoise, « L'Antiquité a inventé l'athlète professionnel », dans *Sciences et avenir,* no 212, octobre 1964, p. 686-689.

SCHOBEL, Heinz, *Olympie et ses Jeux,* Paris, De la Grange-Batelière, S.A., 1964, 171p. et 89 pl., 1 carte géographique.

ZSCHIETZSCHMANN, W., *Prométhée, Histoire illustrée de la civilisation grecque et romaine,* Paris, P.U.F., 1960, LXXIp., 304 fig.

Thèse (U. Laval).

ROMPRE, Jean, *Les représentations de la course et du saut sur les vases peints de l'époque grecque classique,* s.l., s.n., 1973, 143p., avec fig.

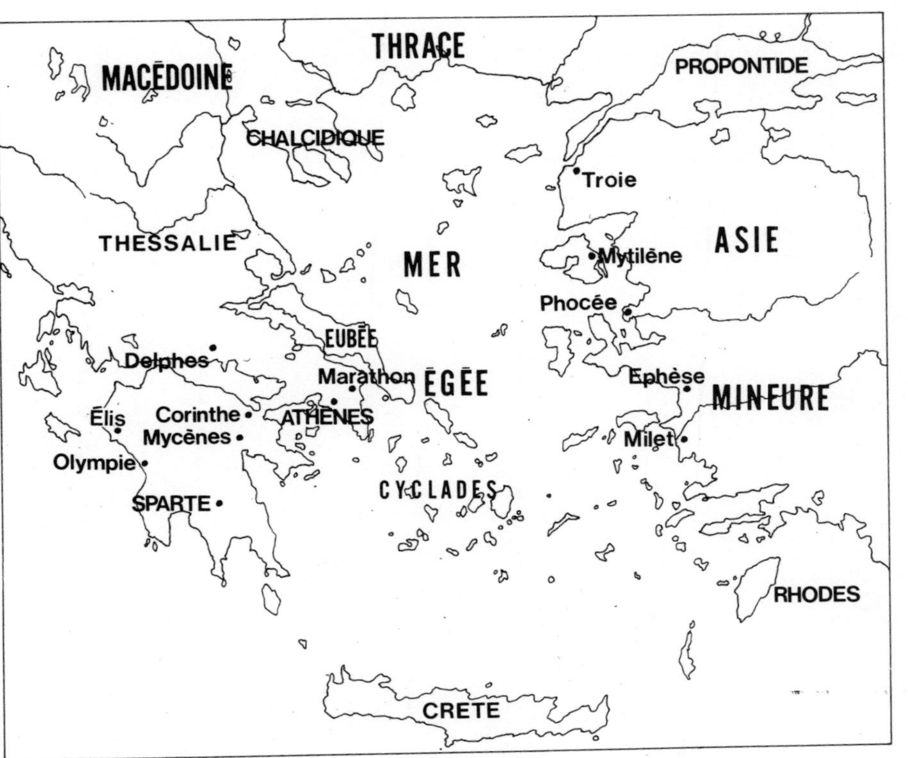
MACÉDOINE
THRACE
PROPONTIDE
CHALCIDIQUE
Troie
THESSALIE
MER
ASIE
Mytilène
Phocée
EUBÉE
Delphes
Marathon
ÉGÉE
Éphèse
MINEURE
Corinthe
ATHÈNES
Élis
Mycènes
Milet
Olympie
CYCLADES
SPARTE
RHODES
CRETE

LA
GRÈCE

TABLE DES MATIÈRES